種籽文化

種籽文化

訓練
更強大的自己

開啟邁向成功大門的十把鑰匙

只有一條路不能選擇，那就是放棄的路；
只有一條路不能拒絕，那就是成長的路。

陳嘉安——著

世界上沒有絕望的處境，只有對處境絕望的人。

每個人都希望能找到通往成功的鑰匙，希望自己的雄心抱負不要付諸東流。
但是有些人能夠毫不費力實現自己的雄心壯志，
有些人卻要付出百倍的艱辛，還有一些人則一敗塗地。這是什麼原因呢？
原因在於人的內心和心智，構成了人與人之間的差異。
我們如何才能訓練更強大的自己，本書將會告訴你如何改變自己，讓你開啟邁向成功大門的途徑。

目錄

鑰匙二：發現人性的優點和缺點──戴爾・卡內基 53

鑰匙三：思考致富——拿破崙．希爾 89

鑰匙五：巴比倫富翁的理財課——喬治·克拉森 143

鑰匙七：一生的資本——奧里森·馬登

前言

成功勵志學家卡內基說：成功學是一門「經濟的哲學」，是一門關於自我管理的學問，是理想信念與目標行動教育方面的內容。它不僅是一個幫助人脫離貧困、實現經濟富裕的方法，更是一門幫助人建立守善人格、享受豐富人生的大學問。

許多偉大的成功勵志學家，他們致力於把個人成功經驗傳授給每一個想出人頭地的年輕人，而他們也確實做到了；他們透過創造性地傳播成功經驗，改變了世界千百萬青年人的命運，使他們從無名之輩變成社會名流和成功人士。

身為二十世紀最偉大的成功勵志學家，戴爾‧卡內基運用大量普通人不斷努力取得成功的故事，透過演講和書本喚起無數陷入迷惘者的鬥志，激勵他們取得輝煌的成功。他一生致力於人性問題的研究，運用心理學和社會學知識，對人類共同的心理特點，進行探索和分析，開創並發展出一套獨特的演講、推銷、為人處世、智能開發於一體的教育方式。千千萬萬的人從卡內基的教育中獲益匪淺。

拿破崙・希爾這個名字同樣是無人不曉，他所創建的成功學和十七項成功法則，鼓舞了千百萬的人發奮圖強，最終達到了人生和事業的頂峰。他的理論原則曾指導許多一貧如洗的人，走上了成為百萬富翁和社會名流的道路。

四十四歲的曼狄諾寫出一本震撼人心的書，這是一本有著宗教般深沉與熱情的書──《世界上最偉大的推銷員》。奧格・曼狄諾用獨到犀利的視角，極富感召力的理論，引導人們從《羊皮卷》中汲取思想的養分，獲得啟示，引發思考，使之成為本世紀最值得收藏的一部勵志書。讀完此書，你會發現生活的變化已天翻地覆，身體裏彷彿有一股成功的體悟在集結地流動，成功的大門隨即為你敞開。它影響了美國人幾乎近一個世紀的行為方式及思維模式，上至美國總統，下至美國企業員工及軍官士兵，都視它為走向成功的必修課。

還有「把信送給加西亞」的阿爾伯特・哈伯德，「自己拯救自己」的塞繆爾・史邁爾斯，「激發自己無窮潛能」的安東尼・羅賓，「高效能人士的七個習慣」的史蒂芬・科維……書中講述的都是調節人的感情、天性、情緒、思想和行為習慣的寶典，每一把鑰匙都是開啟你力爭上游、開發心理潛能，以達到人生目標的科學操作術。你不知道他們那如火如荼的熱情和理論，將會給你的人生帶來什麼。

富豪有兩大類，其一是獲祖先庇護，繼承巨額財富，含著金湯匙出生的「幸運兒」；其二是不斷奮鬥，從無到有、白手起家、自我創造的「造命人」。從拿破崙・希爾博士開創成功學以來，世界各地無數的成功學大師們在不斷地研究、完善、更新和發展成功學的知識體系，目的正是為了幫助更多的人能夠成功的改變命運。

成功的人善於自我激勵，只有自己激勵自己才是持久的。這些大師的精妙言論，將會給你的成功產生極為重要的思想啟蒙和行動推進作用。他們已經改變了千萬人的命運，你會是下一個嗎？

鑰匙一：

萬能的鑰匙—查爾斯·漢尼爾

每個人都希望能找到通往成功的萬能鑰匙，
希望自己的雄心抱負不要付諸東流。
但是有些人能夠毫不費力實現自己的雄心壯志，
有些人卻要付出百倍的艱辛，還有一些人則一敗塗地。
這是什麼原因呢？
原因必定不在於人的體魄，
否則，那些偉人們一定就是體格最健壯的人了。
差異必定是精神上的、必定在於人的心智。
創造力全在於人的內心，人的心智，構成了人與人之間的唯一差異。
在人生旅途中，正是心智，使我們能超越環境、戰勝困難。
我們如何才能從萬劫不復的深淵中走出來，如何才能超越自己。
萬能的鑰匙將會告訴你如何改變自己，告訴你開啟通往成功大門的途徑。

態度決定高度

美國西點軍校有一句名言就是：「態度決定一切。」沒有什麼事情做不好，關鍵是你的態度問題，事情還沒有開始做的時候，你就認為它不可能成功，那它當然也不會成功，或者你在做事情的時候不認真，那麼事情也不會有好的結果。

查爾斯・漢尼爾說：「如果我們無所望，我們就將無所有；如果我們冀望頗多，我們將得到更多。」只有當我們不敢堅持自己的權利的時候，世界才會變得苛刻。

思想就是「因」，而你在生活中所遭遇的一切經歷，都是「果」。既然這樣就不要再為過去或現今的一切境遇有絲毫的抱怨吧，因為一切，取決於你自己，取決於你能不能把環境塑造成你所希望的樣子。

努力開發精神能源吧，讓它們在現實中實現，它們會聽命於你一切真實的、長久的能力。堅持這一嘗試，直到你看到這樣的事實，只要你瞭解了你的潛能，堅定不移地朝著目標努力，你在生命的旅途中任何的努力就都不會失敗。因為，精神力量隨時隨地都準備向堅定的意志伸出援手，幫助你把想法和渴望變為明確的行動、事件和條件。

一個人能否成功，就看他的態度了！成功人士與失敗人士之間的差別是：成功人士始終用最積極的思考，最樂觀的精神和最輝煌的經驗支配和控制自己的人生。失敗者剛好相反，他們的人生是受過去的種種失敗與疑慮所引導和支配的。

有些人總喜歡說，他們現在的境況是別人造成的，環境決定了他們的人生位置。這些人常說他們的情況無法改變，但是我們的境況不是周圍環境造成的。說到底，如何看待人生，由我們自己決定。

納粹德國某集中營的一位倖存者維克托・弗蘭克爾說：「在任何特定的環境中，人們還有一種最後的自由，那就是選擇自己的態度。」馬爾比・巴布科克說：「最常見同時也代價最高昂的一個錯誤，就是認為成功依賴於某種天才，某種魔力，某些我們不具備的東西。」可是成功的要素其實掌握在我們自己手中，成功是正確思維的結果。一個人能飛多高，並非由人的其他因素，而是由他自己的態度所制約。

難怪有人說過，我們的環境：心理的、感情的、精神的，完全由我們的態度來創造。有了積極的思維並不能保證事事成功。積極思維肯定會改善一個人的日常生活，但並不能保證他凡事心想事成；可是，相反的態度則必敗無疑，實行消極思維的人必不能成功。我從來沒見過抱持消極態度的人能取得持續的成功。

你的心有多高你就會飛多高，如果你認為你行那你就行，如果你覺得不行那你就不行，成敗往往在一念之間。一個人能否成功，就看他對待事業的態度。

由此可見，態度決定高度，為了達到一定的高度，我們必須有一個積極的態度。

善於挖掘自己的內在力量

一個人真正的力量並不是來自地位、存款數字或傲人的事業，而是內在真我的表現，是個人力量、誠信與氣度的外顯。每個人內在都擁有驚人的力量，只是自己不自覺罷了。我們環顧周圍，看到自然的力量，驚嘆一粒種子能長成花朵，太陽永不停歇地跨過天際。我們甚至看到生命從自己的身體孕育誕生，同時卻以為自己和這些力量毫無關係。

查爾斯・漢尼爾在萬能的鑰匙裏說：「上帝並未刻意將大自然造得強大，將人類造得軟弱。」力量源於認知自己的獨特性，瞭解自己擁有和任何生命一樣的天賦。人的力量深藏在內，與生俱來。人們往往會忽略它的存在，但只要重新認識它就能發揮出來。一切力量皆來自於內在世界，而且絕對在你的掌控之下。它來自於準確的認知，來自於準確原則的主動踐履。發現自己，運用自己，改變自己，乃是實現任何目標的不二法門。

願你認知這種能量，意識到健康、感悟到幸福，汲取其中的精神能量，直至它們為你所擁有。那時，它們將與你合而為一，再要分開是不可能的。世間萬物，對於擁有內在力量可以控制它們的人來說，都是可以改變的。

你無需去獲取這種力量，因為你已經擁有它。但是，你應該去瞭解它，去運用它，去掌握它，去把它注入到自己的生命之中，這樣，你就能夠勇往直前，征服面前的整個世界。

戴維・維康特醫生說過一個饒富寓意的故事，說明人如何發現及運用自己的力量。他說有一條法律規定，如果一個人擁有一塊土地而別人穿越過去，地主每年至少必須立一次告示聲明為私人產業，否則經過若干年後該土地便成為公有地。我們的一生就像那塊地一樣，不時要重申人我的界線，大聲說出「不」或「你傷害了我」或「你不能這樣踐踏我」。否則就是承認那些有意無意踐踏自己的人有權這麼做，你必須負責自己收回這份力量。

話說有一個聰明的人對金錢與快樂都有深刻的瞭解，因為他兩者都擁有。後來他遭遇經濟困境，有人問他：「貧窮的感覺如何？」他說：「我並不窮，只是破產了。貧窮是一種心理狀態，我從來不覺得貧窮。」

他說得一點也沒錯，貧富在於人的心理狀態。有些人沒有錢但覺得很富有，有些人很有錢卻自覺貧窮。貧窮意味著思想貧乏，而這比沒有錢更危險。因為你的思考裏沒有價值，你忘了金錢來來去去，個人的價值才是恆久的。相反的，一個人若是時時記得自己的價值，也就會不斷提升自我價值，光是這一點就是無上的財富。有些人較重視東西的價值，這也無妨，但絕不能忘了自身比任何身外物更有價值。

每個人內在都蘊藏著強大的力量，只是不知道如何去發揮。真正的力量源自瞭解自己，認識自己在世界上的位置。當你知道萬事萬物都有它的道理，你的力量自然會發揮出來，讓我們共同努力去發掘這股力量吧！

自己創造想要的一切

一個人貧窮不是口袋貧窮，而是腦袋貧窮，你要先有富有的想法，才能過富有的生活！

想法觀念決定一生。

我們都知道有這麼一個實驗：一群跳蚤被放置在玻璃杯中，用玻璃蓋蓋住，發現每隻跳蚤都曾不停的奮力向上跳，但每次跳都會撞到玻璃蓋上，（我們並非跳蚤，但料想撞到玻璃蓋上肯定會很痛）。

一個小時過去以後，跳蚤依然還在跳，動物都有學習的本能，撞痛幾次之後，跳蚤發現輕一點跳就不會撞到了，所以牠們就跳一半或三分之一。

三天以後，動物學家把玻璃蓋拿掉，觀察跳蚤的行為，每隻跳蚤依然還在跳，但是沒有一隻跳出杯外來，因為牠們已經「習慣」輕輕的跳！這個跳蚤的實驗給人很深的啟示：有很多上班族就像試驗中的跳蚤一樣，每天朝九晚五的上下班，早上跳上去，晚上跳下來，每天過著同樣一成不變的生活。始終跳不出這個固定的框框，生活範圍十分狹小！

這種制式生活過久了，許多人會感到單調乏味，逐漸使自己的士氣消沉，失去一股奮鬥的志氣，同時也失去了自己的理想和夢想。而成為「三等人」：等下班、等薪水、等退休！

你願意成為這樣的人嗎？一輩子就這樣沒有自己理想、夢想一味的過下去嗎？甘願嗎？難道就沒有自己想要過的那種生活目標嗎？一生就這樣白白浪費掉嗎？如果你不願意，那麼重新再開始，為自己找回人生的目標、理想和夢想，找回屬於自己的那份價值！

查爾斯・漢尼爾在《萬能的鑰匙》裏提到：「你會發現，凡想得到的力量、物體或事實，都是心智在行為中發生作用的結果。」心智在行為中發生作用，就產生了思想，思想是具有創造力的。當今人們所思所想與過去的時代已經大相徑庭；因此，這是一個具有創造力的時代，世界正在把最豐厚的獎賞給予那些思想者。物質是無力、消極而無生命的；精神是強大有力、充滿能量的，精神塑造並掌控著物質。任何一件成形的物質，都不過是思想的表達。

然而，思想並不是魔法師，它的運作遵循著自然法則，它為自然能力提供推動力；它釋放自然能量。思想在你一切所作所為中展現出來，這一切又會在你的朋友和相識的人之間發生作用，最終影響你的整個生存環境。

只要你願意，改變自己的思想、觀念及生活方式，就可以脫離像跳蚤般一成不變的生活圈，享受海闊天空任遨遊、自由自在的生活，為自己找回人生的理想、夢想！

想要成為怎樣的人，就能成為怎樣的人

成為自己希望成為的人，這很重要。人生是否成功，自己才是最重要的評判者，標準就在自己的心裏。

同樣是網路高手，如果你認為自己的理想就是要成為一個網路高手，你一坐在電腦前就感到充實，感到生命有意義，那麼你就是成功的。但假如你一坐在電腦前就有一種墮落感，你不認為這是你應該過的生活，但卻無力自拔，網路彷彿是興奮劑，給你一時的興奮，然後陷你於更大的空虛，如果你是這樣的狀態，那麼你的技藝再高，也只是個失敗者。

我們無權安排孩子的未來，也無權干涉別人的選擇，因為只有他自己知道自己想做什麼，知道自己想達到什麼目標，他只有成為自己想成為的人，才是幸福的。

如果你不打算做這件事，那就別開始；如果你開始了，即便天塌下來也要把它做成。如果你決定做某件事，那就動手去做，不要受任何人、任何事的干擾。

查爾斯・漢尼爾在《萬能的鑰匙》裏說：「思想就是能量，能量就是思想，世界所熟知的一

切宗教、科學和哲學都是能量的表現，而不是能量本身。」能量作為「因」就被忽視或誤解了，世界僅僅存於「果」的一隅。因此，有了宗教上的神與鬼，有了科學上的正與負，有了哲學上的善與惡。「萬能鑰匙」則反其道而行之，它只關注「因」的一面。

生命就是表達，和諧而富建設性地表達自己，是我們的份內之事。悲傷、痛苦、不幸、疾病和窮困，並非必不可少，我們應該堅持不懈地消除它們。然而，消除這些因素的過程，需要高於並超越種種限制。一個強化並淨化了思想的人無需再擔心細菌的侵擾，一個懂得財富法則的人瞬間就能看到供給的水源。所以，厄運、幸運、在劫難逃之運，都將盡在掌握之中，如同船長駕馭的船艦，又如火車司機開動火車一般容易。

我們不要再像以前那樣按照他人的標準生活，或標註我們的人生。我們要活得精彩、活得自在，我們要依靠自己來掌控命運，我們必須為自己的命運負責。想要成為什麼人，就努力去做吧！

要始終盯住目標

我們在對自己的人生進行規劃時，選擇目標是十分重要的。目標確定後更加重要的是，要始終明白自己的目標到底是什麼，然後堅定的長期緊盯著自己的目標，堅持努力堅決的實現它。

這一點，要實踐起來是十分困難的，很多人在實現目標過程中往往忘記了自己的目標是什麼，或者是迷失了目標，往往不能堅持到底而功虧一簣，讓人嘆息不已。成功者一定是選對目標，始終明白自己的目標，並長期堅持逐步實施目標的人；失敗者一定是選錯目標，或迷失目標，不能堅持實施到底的人。

緊盯目標堅持於目標是成功的重要環節。目標選定了、目標明確了，接下來就是要堅定對目標的追求，認定目標不放鬆，堅持不懈的努力實現它，這一點十分的關鍵。很多人目標選對了，目標也明確了，結果缺乏堅定的態度和堅持的毅力，放棄了對目標的追求，結果很可惜失敗了；而成功者往往是那些能夠堅持到最後一刻，見到燦爛輝煌的人。

透過全神貫注、把意念集中於一個目標，假以時日，任何事情都是可以成功的。「需要」讓你謀求，「謀求」創造行動，「行動」導致結果。這一演變的過程將永遠建設著與今天完全不同的明天。個人的發展如同宇宙的進化一樣，是一個循序漸進的過程。其中伴隨著不斷增長的能力和容量。

心中永恆的夢想、堅定的渴望及和諧的關係，會幫助你實現目標。成功最大的障礙，是錯誤的、固執的理念。要與永恆的真理結合，我們就必須保持內在的平衡與和諧。想要獲得智慧，接收者必須和傳遞者步調一致。

正如查爾斯‧漢尼爾所說：「思想是心智的產物，心智是具有創造力的。」但這不意味著宇宙會改變它的操作方式來適應我們，而是意味著我們能夠與宇宙保持和諧良好的關係，當我們能夠做到這一點時，才有資格索求那些我們配得的一切，出現在我們前方的將會是康莊大道。

為了我們人生的成功請選擇好自己的目標，明確自己的目標，盯緊自己的目標，堅持目標，克服一切困難，力爭實現自己的目標。

學會改變自己

要讓事情改變，先改變自己；要讓事情變得更好，先讓自己變得更好。在這樣一個競爭激烈的社會，如果需要發展自己，獲得財富，首先就要改變自己的心態，改變自己的思想，讓自己變得能夠適應社會的需要。社會不會因某人的意志而改變，需要改變的終究是我們自己。

基丁說過這樣的話，一條路走的人多，總會弄得泥濘不堪，總會弄得塵土飛揚。為何不換一條路走，也許一切將會是另一種樣子。

有一則寓言，說的是某人在年輕時祈禱說：「願我能改變這世界！」後來等他到了中年，當發現期望的不切實際，就說：「我希望能改變家人與朋友和周圍的人，這就夠了！」待他將近暮年，在飽嘗了生活中的苦酸，經受許多挫折後，意識到：「最好就是改變自己。」

是的，改變一下自己，是為了走好自己明天嚮往的路。

用勇氣、自強、自信的念頭，取代那些無助、畏怯、匱乏、有限的想法。積極的想法必將摧毀消極的念頭，就如白晝驅散黑暗那樣。肯定所有的成功，都是透過把意念恆久地集中於看得見的目標而實現的。

如果你想要改造環境，那麼你首先要改變自己。你的奇思妙想，你的雄心壯志，你的願望、期盼或許會步步受阻，然而你內心深處的想法完全可以找到表達的方式，如同植物的種子發芽長葉一般自然。

我們現在就改變自己，把我們自己改造成嚮往中的樣子。性格不是一件偶然的，而是持續努力的結果。如果你懦弱膽怯、優柔寡斷、害羞內向，抑或是由於恐懼即將到來的危險而過度緊張、焦慮煩躁，請記住這個不言自明的真理：「在同一時間同一地方，兩種不同的東西不能共存。」在精神和心理世界中，這一點也是絕對無誤的，所以醫治的良方非常簡單，用勇氣、能力、自強、自信的念頭，取代那些無助、畏怯、匱乏、有限的想法。

如果你能改變自己，心境也會改變；心境有了改變，言詞也會改變；言詞有了改變，態度也會改變；態度有了改變，習慣也會改變；習慣有了改變，運氣也會改變；運氣有了改變，人生也會改變。

動物身上總會有些固執隨從，不肯改變自己，改變前進的方向。人們早就發現這種從流的現象，一哄而上。利用這一點，可以使一些偉人做成許多大事，當然也壞過許多大事。

人雖然是高等動物，可是據科學家研究人類的基因，並不與低等動物有著多大的區別。可是人之所以為人，不但有著豐富的感情，還有著強大的理智。應該調節這兩種武器，走出低等的陰影。學會改變自己，走出自己特有的輝煌。如果你能改變自己，人生也許就會改變。

不要限定自己的思考能力

一個人最重要的能力就是獨立思考的能力，而獨立思考能力提升，本身也就是解決問題能力的提升。一個人必須要有自我的原則和價值觀，適合自己的思考和解決問題的方式，而不僅僅是盲目的模仿和跟從，不是一味的照搬而不探詢事物的本質。

《萬能的鑰匙》一書提起過：「唯一限制我們的是我們自己思考的能力，適應一切場合、一切情況的能力。」

人的生命是由實際存在的、永恆改變的原則所統治的。無論何時何地，這個法則永不停息。不過我們不要忘記，不管是哪一個「果」，都會有相對的「因」。而原本的「果」，反過來又成了「因」，從而導致其他的「果」，而這些「果」又成了另外的「因」。

我們經常聽到別人這樣講：「我的生活現在可真是太慘了，這並不是我自己想要的結果，因為我從來也不想要看到這樣的結果。」我們沒有認識到，正如精神世界中的相互吸引力一樣，我們心中的想法會給我們帶來某種友誼和交往，而這樣又會影響到一些境遇和環境，所有這些，反過來又會成為我們對現狀產生抱怨的緣由。

在遇到障礙的時候，換個角度去思考或許能夠發現新的天地。即使你不是一位天才，你照樣可以使用像愛因斯坦和亞里斯多德一樣的思考戰略與戰術，來增強你思維創造性並更好地設計你的未來。從不同的角度去看問題，發現別人從未想到的新論點。

到目前為止，世紀中最偉大的發現，就是思想的力量。這一發現的重要性儘管不是很快就達成了普遍共識，但正在被人們所接受，它的重要性在各個研究中也正突顯出來。

創造性的設計思維方式很不錯，值得努力和學習，每個人都需要提高創造性思維的能力。剛開始覺得吃力、費神，可是靜下心來仔細體會，你會發現，連學習的過程都充滿樂趣和滿足。創造性和跳躍性思維，本身就帶來了發現的快樂。

有思考才有思路，有思考才有發展，有思考才有突破。只有提升思考的境界，才能夠創造更大的價值。所以，不要限制自己的思考能力，讓它如脫韁之馬奔騰吧！

集中你的能量

「能量」在物理中的定義是，一個物體做功的能力，「有能量」在英語裏叫「energetic」，意思是「活力四射」。我們在做事情之前，調整一下自己，集中一下能量，也許會收到意想不到的效果。

至於如何發現能量，如何集中能量，可能要靠個人的「修煉」了。

首先，要瞭解你的力量；

第二，要有挑戰的勇氣；

第三，要有去做的信心。

只要科學地把握思想的創造性力量，生活中的任何目標都可以得到完美的實現。

如果你專注於這些思考，把你的注意力全部投入在上面，你就會在每一個句子中發現一個意義的世界。這會引發你的另外一些與它們相和諧的想法，你很快就能領會到你所關注這種思想的深刻意義。

知識不會應用自己，我們必須將其付諸應用，而應用就在於用充滿生機的目標去澆灌思想之花，使之豐饒。很多人的努力漫無目標，浪費了大量的時間、想法、精力，如果用來朝著願景中的某些特定的目標努力的話，可能會創造出奇蹟。為了做到這一點，你必須集中你的精神能量，定位在某一特定的想法上，排除一切雜念的干擾。如果你不能把精力集中在你所期待的目標上，你只能得到一個朦朧曖昧、模糊不清的理想輪廓，其結果與你的精神圖景相一致。

比如說，人的目光是有能量的，有的人雙眼炯炯有神，有的人卻無精打采；人的語言是有能量的，有的人說起話來，具有非常大的親和力和感染力，有的人說起話來囉哩囉嗦，聽著都不耐煩；文章是有能量的，好的文章能夠吸引讀者一口氣讀下來，劣質的文章讀起來味同嚼蠟，使人如墜雲裏霧裏……。

做研究的時候，需要集中能量。我們每個人能量有限，要想做好一件事情，明智的選擇就是將所有的能量都集中到一個點上。

寫文章的時候，需要集中能量。你需要圍繞自己的中心思想，使用各式各樣的修辭手法，使用最為恰當的表達技巧，策動起渾身的細胞，專心致志地完成這篇文章。當然，寫文章的時候不可能總是劍拔弩張，而應該是風格各異，或行雲流水，或雄辯滔滔，或平淡如話，或繁花似錦，不論寫成什麼樣的文章，字裏行間都是有能量的。

演講的時候，需要集中能量。你的演講稿要張弛有度，鬆緊適當；你的姿態要端莊大方，絕不可睡眼朦朧，亦不可扭捏作態；你的眼神要鎮定自如，認真地看著每一個人，堅定地回應，很多人雖然擁有優秀的能力，卻無法做有效的活學活用，因為他的能力是分散而沒有集中的。目標與目的就像凸透鏡一樣，可以聚集人的能力。太陽光直接照射是無法燃燒紙張的，但如果使用凸透鏡聚集焦點，就可以使紙張瞬間燃燒。我們個人的能力也是如此，唯有集中才能發揮到極限，而主要擔任這個凸透鏡功能的就是目的、目標。

所以，一旦我們的目標確定之後，就要集中自己的能量。全力以赴，聚焦整個事件，只有這樣，我們才能「大獲全勝」。

把理想視覺化

把夢想圖像化，想像成功的情景，像一部電視劇一樣，每天對自己播放，不斷表達對自己夢想的信心。一遍又一遍的想，加深印象，默默地對自己講，同時向別人講。如果連做夢都不敢，那夢想真的永遠不能成真。

查爾斯・漢尼爾在《萬能的鑰匙》裏寫說：「一切只有用心去營造。你有沒有向自己描述過事物整體的圖景？你是否做到了、或者能否做到閉上眼睛就能看見軌道，看到火車在軌道上飛馳，聽到汽笛嗚嗚的轟鳴聲？如果你做到這一切，你就能非常有把握地做每一件事，那麼，成功將為你的奮鬥加冕。」地球的律動是有週期性規律的。但凡有生命的物質，都有誕生、成長、結果和衰亡的週期。這些週期由「七律」（Septimal Law）所統治。

生命在於成長，成長在於改變，每一個七年的循環，對我們而言意味著一個新的階段。凡是熟悉這個循環的人，不會因為遇事不順而沮喪，而是學會應用課程中闡述的原理，充分認知在一切法則之上有一個最高的法則，並透過對於精神法則的理解和自覺的應用，把每一個表面上的困難轉化為祝福。

想像的心理暗示作用和內心塑造功能效果，是十分明顯的。很多宗教或各家各派修煉方法中，都有「冥想」的內容：處於放鬆狀態，充分發揮想像，進行積極暗示。

美國的一些心理教育家曾作過這樣的實驗，把某高中籃球隊一群球技不相上下的年輕人分為三組。第一組規定一個月內不得在球場練習投籃；第二組一個月內每天在球場練習投籃一小時；而第三組一個月內每天想像練習投籃一小時。

一個月後，對三組球員進行同場測試。結果，第一組的投籃平均成績退步了；第二組的平均成績進步了二%；以上兩組的結果均在意料之中。出人意料的是第三組(想像練習組)，平均成績也一樣進步了二%！

世界上很多武術中都有一種訓練方法，就是想像自己突然受到各種攻擊時的應變方式，天長日久，這項訓練會大大提高修煉者的反應速度和抗暴能力。

我們不僅要想像未來成功的情景，還要回憶過去曾經有過的輝煌，即使只是一次小小的成就，受到的一次小小讚揚。這樣，當我們遇到困難時，過去的成功情形就會立即浮現，這是一份內心的鼓勵，它可以使人重獲力量，增加自信，恢復樂觀。

「用這種方式，我可以迅速提高並完善一種想法，而不需要碰任何事物。當我前行到這種地步，設計出我所能想到的所有改進方式，看不出任何紕漏的時候，我才讓頭腦中的產物具體成形。我設計製作的產品總是與我所設想的一模一樣，二十年來無一例外。」這是尼古拉・泰斯拉，人類有史以來最偉大的發明家之一，一生信奉的箴言。

尼古拉・泰斯拉擁有神奇的天賦，創造了令人嘆為觀止的傳奇。他在實際創造之前，常常是先把這種發明在頭腦中視覺化。他首先在想像中逐步建立起理念，使它成為一幅精神圖畫，然後在腦海中重組、改進，而不是急於在形式上把它們具體化，然後再耗時費力地去修正。

思想、精神等潛意識是人類取之不盡、用之不竭的寶藏，是偉大造物者賦予我們的財富。利用潛意識來開發無限的潛能，就像用一把金鑰匙打開未來之門，它將帶給你無數的挑戰和驚喜。所以只有我們敢想了，並且付諸實踐，才有機會到達成功的彼岸。

制勝法寶，內心世界的改造

查爾斯・漢尼爾說：「大多數的人想要改造這個世界，但卻很少有人想改造自己的內心世界。」

積極的人在每一次憂患中都看到一個機會，而消極的人則在每個機會都看到某種憂患。

人們目前的性情、境遇、力量以及健康狀況，都是過去思維方式的結果。積極的思想，帶來積極的結果。如果我們希望健康、強壯、充滿活力，那麼健康、強壯、充滿活力的思想就應該成為我們主導性的思想。思想是精神的種子，如果把這種子栽入潛意識的土壤，它就會發芽、長大。但不幸的是，結出的果實往往不盡人意。

偉人之所以偉大，是因為他與別人共處逆境時，別人失去了信心，他卻下決心實現自己的目標。

世上沒有絕望的處境，只有對處境絕望的人。

當你感到悲哀痛苦時，最好是去學些什麼，學習會使你永遠立於不敗之地。世界上那些最容易的事情中，拖延時間最不費力。

人之所以能，是相信能。一個有信念者所開發出的力量，大於九十九個只有興趣者。每一個發奮努力的背後，必有加倍的賞賜。人生偉業的建立，不在能知，乃在能行。任何的限制，都是從自己內心開始的。

含淚播種的人一定能含笑收穫。慾望可以提升熱忱，毅力可以磨平高山。一個能從別人的觀念來看事情，能瞭解別人心靈活動的人，永遠不必為自己的前途擔心。**一個人最大的破產是絕望，最大的資產是希望。**

不要等待機會，而要創造機會。如果寒暄只是打個招呼就了事的話，那與猴子的呼叫聲有什麼不同呢？事實上，正確的寒暄必須在短短一句話中明顯地表露出你對他的關懷。

昨晚多幾分鐘的準備，今天少幾小時的麻煩。做對的事情比把事情做對重要。人格的完善是本，財富的確立是末。

沒有一種不透過蔑視、忍受和奮鬥就可以征服的命運。行動是治癒恐懼的良藥，而猶豫、拖延將不斷滋養恐懼。沒有天生的信心，只有不斷培養的信心。**只有一條路不能選擇，那就是放棄的路；只有一條路不能拒絕，那就是成長的路。**

人生最可憐的就是：我們總是夢想著天邊一座奇妙的玫瑰園，而不去欣賞今天就開在我們窗口的玫瑰。征服畏懼、建立自信最快最確實的方法，就是去做你害怕的事，直到你獲得成功的經驗。失敗是什麼？沒有什麼，只是更走近成功一步；成功是什麼？就是走過了所有通向失敗的路，只剩下一條路，那就是成功的路。

成功不是將來才有的，而是從決定去做的那一刻起，持續累積而成。當你快樂時，你要想，這快樂不是永恆的；當你痛苦時，你要想，這痛苦也不是永恆的。每一種創傷，都是一種成熟。如果你不給自己煩惱，別人也永遠不可能給你煩惱。

因為你自己的內心，你放不下。認識自己，降伏自己，改變自己，才能改變別人。不寬恕眾生，不原諒眾生，是苦了你自己。別說別人可憐，自己更可憐，自己修行又如何？自己又懂得人生多少？

這個世界本來就是痛苦的，沒有例外的。與其說是別人讓你痛苦，不如說自己的修養不夠。你什麼時候放下，什麼時候就沒有煩惱。

有捨才有得

法國一家報紙進行智力競賽時有這樣一個題目：

如果羅浮宮失火，當時情況只可能救一幅畫，那麼你要救哪一幅？

多數人都說要救達芬奇的傳世之作——《蒙娜麗莎》。結果呢？在成千上萬的回答中，法國電影史上佔有重要地位的著名作家貝爾特以最佳答案贏得金獎。

他的回答是：我救離出口最近的那幅畫。

這個故事說明一個深刻的道理，成功的最佳目標不是最有價值的那個，而是最有可能實現的那個。

人要學會「捨得」，不能企盼「全得」。擁有的時候，我們也許正在失去，而放棄的時候，我們或許重新獲得。明白的人懂得放棄，真情的人懂得犧牲，幸福的人懂得超越！安於一份放棄，固守一份超脫，這就是人生。

第二次世界大戰的硝煙剛剛散盡，以美、英、法為首的戰勝國幾經磋商，決定在美國紐約成立一個協調處理世界事務的國際性組織—聯合國。一切準備就緒之後，大家才驀然發現，這個全球至高無上、最權威的世界性組織，竟難尋自己的立足之地。

二戰結束後，各國財政赤字都居高不下。在寸金寸土的紐約籌資買下一塊土地，並不是一件容易的事情，幾個籌辦國對此一籌莫展。

聽到這一消息後，美國著名的家族財團—洛克菲勒家族經過商討，果斷決定出資八百七十萬美元，在紐約買下一塊土地，並將這塊土地無償的贈予了這個剛剛掛牌的國際性組織—聯合國。同時，洛克菲勒家族還將毗鄰這塊土地的大面積土地也一起全部買下。

對洛克菲勒家族的這一出人意料之舉，當時，許多美國大財團都吃驚不已。八百七十萬美元，對於戰後經濟萎靡的美國和全世界，都是一筆不小的數目呀，而洛克菲勒家族卻將它拱手贈出，什麼條件也沒有。這條消息傳出之後，美國許多財團老闆和地產商都紛紛嘲笑說：「這簡直是愚蠢至極！」

但出人意料的是，聯合國大樓剛剛建成完工，毗鄰它四周的地價便立刻飆漲起來。一時間，相當於捐贈款的數十倍、近百倍的巨額財富便源源不斷地湧進了洛克菲勒家族財團。這種結局，令那些曾經譏諷和嘲笑過洛克菲勒家族捐贈之舉的財團和商人們目瞪口呆。

查爾斯・漢尼爾說：「成功的法則在於為人服務，我們得到的，正是我們所付出的。」慷慨大度的思想充滿著力量和活力，自私自利的思想則包含著毀滅的萌芽。正所謂：「我為人人，人人為我。」人都能夠拿出自己的所有給予他人，而他們拿出的越多，得到的就越多。

毫無疑問，抱持積極的、建設性的、無私的想法必然讓你受益匪淺。「一報還一報」是宇宙的主旋律，大自然總是尋求著平衡的實現。有往必有來，否則就會出現真空。遵循這一法則，你一定能夠按照著這條路線充分調整自己，從而大大受益。

其實，有許多時候，贈予也是一種經營之道。有捨有得，只有捨去，才能得到。在我們的文化裏，「贈予」二字聽起來是把自己珍貴的東西拱手送給別人，但如果我們仔細推敲，將「予」字按古文中的「我」來看，「贈予」卻恰恰是「贈我」，「贈予別人」又何嘗不是「贈給我自己」呢？

千里之行，始於足下

古往今來，能夠在事業上取得成就的人是很多的。他們的成就和榮譽，往往令人敬佩、羨慕，人們也常渴望著能取得他們那樣的成就。然而，怎樣才能達到預想的目標呢？每個人的理想有所不同，有的遠大，有的現實，但無論哪個有志者，都應該牢記住這句名言：千里之行，始於足下。

認準方向朝著理想，從小處做起，一步一步的累積著，走下去，這就是成功的秘訣。

無論多麼遠大的理想，偉大的事業，都必須從小處做起，從平凡處做起。現在有些人卻不然，他們似乎只知道樹立理想，卻不認真想想該怎樣去做，或總是使自己停留在冥想中，而不去實際想。像他們這樣日夜看著遠方輝煌的目標而打發自己的青春，浪費自己的生命，到頭來只能是個曾立志的無志者，到老一事無成。躺在床上雲裏霧裏胡思亂想，這不是癩蛤蟆想吃天鵝肉嗎？有一位科學家說過，有幻想才能打破傳統的束縛，才能發展科學，才能讓我們更快騰飛。他說的幻想是在現實的基礎上有理由、有根據地幻想而不是憑空想像。

不願付出行動的空想只能是白日做夢。整天不學習，成績倒數第一的人，一心想當牛頓第二；從早到晚無所事事，連什麼是社會主義什麼是資本主義都說不上來的人，妄想成為聯合國秘書長……諸如此類，不是貽笑大方嗎？

蘇聯詩人馬雅可夫斯基曾經寫過一首小詩：「工作中，你要把每一件小事，都和遠大而固定的目標結合起來。」在立下遠大志向的同時，從一點一滴的累積開始，一步一個腳印地走下來，我們才能擁有更新、更美好的明天。

在實現遠大志向的路上，困難並不可怕，你唯一需要對付的就是你自己，你唯一需要做的就是告訴你自己，你所想要的結果一定會實現。為了實現這一切，你要發現、認識上天賜給我們的所有方法，也就是運用你內在的力量。

對於每一個青年、學生們，我們更應該努力從點點滴滴做起，一步一個腳印地朝著宏偉的目標邁進。這千里萬里之行，會是非常艱難，絕不會是一條平坦大道，但只要一步步走下去，就一定能勝利。這勝利是我們的，我們的理想展現在一步一個腳印去取得勝利的過程之中。

鑰匙二：

發現人性的優點和缺點—戴爾・卡內基

如何在你的日常生活、商務活動與社會交往中與人打交道，並有效的影響他人？
如何擊敗人類的生存之敵—憂慮？如何更好的在生活中變得快樂？
戴爾・卡內基，二十世紀最著名的成功學導師，
透過《人性的優點》和《人性的弱點》這兩本書，將他的人生理念傳播到世界各地，
影響著千千萬萬人的思想和心態，激發了他們對生命的無限熱忱與信心，
勇敢的面對現實中的困難，追求自己充實美好的人生。
現在就讓我們來領略一下大師的智慧。

邁向成功要有充沛的體力做後盾

身體是創造財富的本錢，對於努力奮鬥的年輕人而言，健康的身體就是創造財富的基礎。著名心理學家馬休斯博士曾經說過：「那些同時有著很多目標，精力分散的人會很快耗盡他們的精力，隨著精力的耗盡，隨之而來的就是原先雄心壯志的消磨。」

許多立志要成功但最後壯志未酬的人，往往是因為不能戰勝一個最大的敵人，而這個敵人就是他自己。他們從不按時去吃一餐可口的飯，他們好像也從來沒有注意要有好的睡眠或休息，雖然身體已經發出了警報，但是他們常常不以為然的自欺欺人。

那麼如何才能保持充沛的體力，讓你充滿熱情的投入到工作中呢？下面有幾點小建議：

一、注意休息

卡內基告訴我們：「休息並不是浪費生命，它能讓你在清醒的時候，做更多有效率的事。」

現代生活節奏加快，人們習慣於整日奔波，不辭辛勞。看似不停的忙碌，其實很不好。有統計表明，有錢人都是精力充沛的人，但是他們之中大多數並不是天生如此，他們無窮的精力來自於他們良好的生活習慣。我們知道很多年輕的成功人士每天只睡五、六個小時，但是很少有人知道，除此以外，他們每天都要抽空打上幾個盹。在疲勞之前先休息，會使你的做事效率大大增加。

二、要堅持運動鍛鍊

運動的力量是無窮的！經常保持運動，可以強身健體、保持頭腦靈活、陶冶品格，還可以使自己廣交朋友。運動，一定要注意科學運動。運動的時間、運動的強度、運動的方式都要合理把握，否則不但達不到預期的效果，還會傷身，得不償失。

三、要保持愉快的心情

有心理學家做過實驗，白老鼠心情不好時體內會分泌一種液體，把這種液體注入正常的白老鼠體內，正常的白老鼠很快就死亡。對人類來講，也是如此。經常抑鬱的話，內分泌肯定會出現問題，就算死不了，也會老的快，變得反應遲鈍。保持快樂的心情，有助於身體健康，有助於保持體力。

四、保持適度的壓力

適度的壓力，有助於人最大限度的發揮潛能。當面臨時間、輿論、甚至生存壓力的時候，人能夠分清輕重緩急，克服自身的一些缺陷和毛病來提高效率。

五、合理飲食

「人是鐵，飯是鋼」。要想保持體力，必須合理飲食，除保證一日三餐準時、適量外，還要合理搭配肉類和蔬菜水果。要嚴格管住自己的嘴，自己的身體不好，絕不能做「寧讓瘡流膿，不讓嘴受窮」的事。

如果有一個工程師只因為要省一點潤滑油，而任憑他的機器和發動機損壞，人們一定會嘲笑他的愚蠢。可是，社會中到處有這樣愚蠢的人，他們捨不得用那舒適、休息、運動的油來潤滑自己那架寶貴的身體機器。他們不知道，舒適、休息、運動對於身體，正如潤滑油對於機器一樣重要。他們拚命工作卻達不到自己的目標，殊不知休息是好好工作的前提，要想大步的邁向成功必須要有充沛的體力做後盾。請照著以上的建議做吧，不久你就會發現一個全新的自己。

改變憂慮的習慣

研究發現，人會產生憂慮情緒的一個主要原因，是無法忍受對事情的不確定感，憂慮者對所憂慮的事情通常希望能夠得到一個百分百的肯定答覆，或得到完美的解決之道，例如：「放心吧！你『絕對』不會有問題的」這類的答案。沒有這類答案，有些人就會朝著最壞的方面考慮，正如卡內基說的，杞人憂天、庸人自擾是憂慮產生的根本原因。

習慣於憂慮的人，常常會把事情想的悲觀，一味地局限在自己的思維內，腦中不斷冒出接二連三的假設情況與念頭。好比說，要搭飛機時，明知發生空難的機率只是百萬分之一，你卻自顧自的猜想著：「可是，我會不會就那麼倒楣啊？」做健康檢查時，明明醫生的診斷報告是一切良好、沒有問題，你卻還是杞人憂天：「醫生真的有詳細檢查了嗎？真的是這樣嗎？」像這類的煩心都是些沒有建設性的煩憂，而那些問題都只是你單方面的憑空想像。「萬一……的話」這類憂慮的想法，不具有任何正面的助益，況且，就算想要解決問題，根本也無從下手。

憂慮是我們人生道路上的大敵，處理不好會使你沮喪、悲觀，甚至一蹶不振，終日沉浸在憂慮的情緒中而不能自拔。

心理學專家，美國康乃爾大學醫學院精神病理學系臨床心理學教授羅伯特・里希博士，提出了幾點減輕憂慮的建議：

1、問問自己，接受一些合理的不確定事情有哪些好處，或許你會因此焦慮感變小，並更懂得珍惜當下、把握現在。

2、想想接受不確定性的事情有何壞處呢？難道那就意味著你會因此而變的不負責任、處境變的危險，還是就得舉雙手投降了嗎？想一想，這些假設是否真的合理嗎？你是否過度的誇大問題了呢？

3、你是否想過，你在某些方面早已不自覺地接納了不確定感？像是當你在開車時、搭乘飛機時、在餐廳準備要享用餐點時、認識新朋友時、到達某個陌生城市以及接下一個新的工作案子等等事情，都存在著發生風險的不確定性，你不是早已接受了嗎？

4、環顧一下四周，你有發現哪個人活在絕對的確定性之中？他們能夠完全掌握自己生命中任何事物的嗎？若沒有，難道這些人就因此而變的可憐兮兮了嗎？

5、對未來的不確定感，不也同樣意味著未來也許會有新奇的事物，在等著你嗎？或許生活中會出現許多驚奇與新鮮刺激的挑戰。所以，萬一你都事先預知未來會發生什麼樣的事，這樣一來，生活將會變成多麼地無趣且單調啊？

6、試著觀察自己的呼吸。每天花個二十分鐘，挑一個安靜的環境，試著用心觀察自己的呼吸方式。不用刻意控制自己的呼吸，只要靜靜觀察，用心體會，腦袋裏什麼都不用想，靜靜地融入自己的呼吸。這時你將發現，你的煩憂已暫時被撇在一旁了。

勇於接受不可避免的事實

一個名叫埃克森的人，垂頭喪氣地走進了一家心理醫師的診療室，向心理醫師傾訴他一生不幸的遭遇。他說：「我曾經歷過無數的失敗。早年求學的時候，我沒有一次考試可以順利過關；踏入社會以後，我做過許多種生意，但都是以負債的方式收場，從來沒有賺過錢；然後，在求職的過程中我又四處碰壁，好不容易找到了一份工作，也是沒能做多久就被老闆開除了；現在，連我的老婆都無法再忍受我，要求跟我解除婚姻……。」

心理醫師問他：「那麼，你現在想要怎麼樣呢？」

埃克森萬念俱灰地回答：「什麼也不想，此刻，我只想一死了之。」

心理醫師：「你有沒有小孩？」

埃克森：「有呀，那又怎麼樣呢？」

聽了埃克森的話，心理醫師笑了笑說：「還記得你是怎樣教你的小孩走路的嗎？當他第一次雙手離開地面，顫抖地站起身來，是不是所有的家人都會為他的勇敢而喝采，為他而鼓掌呢？」

埃克森似乎若有所悟地回答：「嗯……是的……」

心理醫師繼續說：「然後，孩子很快就又跌倒了，這個時候，你是不是會慢慢地將他扶起，並告訴他：沒有關係，再試一試，你會走得比上次更好的。」

聽到這裡，埃克森的語氣變得堅定了一些：「對，我會幫助他的。」

心理醫師又說：「孩子在走路的時候，跌跌撞撞的，經過無數次的練習，還是走得不穩，你會不會失去耐性，告訴他，最後再給他三次機會，如果他學不會走路的話，以後終生都不准再走路，你乾脆買個電動椅給他好了。」

埃克森說：「不會的，我會繼續幫助他、鼓勵他，因為我始終相信，孩子是一定能夠學會走路的！」

心理醫師笑了，並且說：「那就對了，你才跌倒幾次，為什麼就想要坐輪椅了呢？」

埃克森抗議說：「可是，作為一個小孩子，會有人協助他、提攜他，而我呢？」

心理醫師說：「在你遇到困難的時候，真正能夠幫助你、鼓勵你的人是誰，難道此刻你還不知道嗎？」

埃克森想了想，對著心理醫師用力的點了點頭，然後昂首闊步地走出了這家診療室。

勇於接受現實，用樂觀的思維來考慮如何改變現實，你就會發現面對的困難也不是那麼令人窒息，我們還是有能力去解決。卡內基在《人性的優點》一書中說：「環境本身並不能使我們快樂或不快樂，而我們對周圍環境的反應才能決定我們的感覺。」對必然的事欣然的接受，就像楊柳承受風雨、水接受一切容器，我們也要承受一切事實。必要的時候我們都能忍受災難和悲劇，甚至戰勝它們。我們內在的力量堅強的驚人，只要我們加以利用，它就能幫助我們克服一切。

過度擔心只會帶來更多的麻煩

你曾經有過杞人憂天的經驗嗎？我想每個人或多或少都曾有過。舉個例子來說好了，假設有一天早晨起得太晚，你不禁心想：「糟糕！起得太晚了，一定會碰上大塞車，上班肯定會遲到。如果到得太晚，老闆肯定會對我不高興；要是他氣炸了，搞不好會要我走人。萬一我失業了，房屋貸款、還有一大堆等著支付的信用卡帳單該怎麼辦？要是不能及時找到工作的話，不但信用破產，房子也會被查封。房子如果沒了，我要住哪裡？沒錢又沒地方可去，我一定得挨餓，搞不好還會橫死街頭呢！而這些都是起因於今天這麼晚起！」

也許你會覺得這一路推演下來未免太誇張了點，沒錯，是稍嫌誇張了點，不過類似這樣的杯弓蛇影你絕不會沒有過。

我們把生活中的大部分時間，用在想像最壞事情的發生。不要心懷恐懼，要知道，最難克服的障礙不是你所害怕的事情，而是「你害怕」本身的情緒。

一個叫馬堤的人，患有長期咳嗽的毛病，連醫生也束手無策。馬堤對此很擔心，認為自己得到絕症，老是跑不同的醫院去請教不同的醫生。有一天他又要去醫院看病，而一場暴風雪正席捲整個城市。馬堤不聽家人的勸告，拒絕與醫生改約時間而硬是冒著大風雪出門。

大風雪讓道路上的車況變的很糟，車子在轉彎的時候一個不小心便發生了意外，馬堤摔了出去，壓傷手臂。「當然了，我最後還是到了醫院，只不過我當時想，應該換成去掛外科門診。」他說。

結果馬堤摔斷了胳膊，在醫院用鋼板鋼釘固定並打上石膏後回家修養。在家修養幾個星期之後，他發現自己咳嗽的老毛病好了，可是胳膊仍舊裹著石膏。

經歷這件事，馬堤學到兩個教訓。

第一：大風雪時要乖乖的待著家裏。

第二：過度的擔心只會帶來更多的麻煩。

適當的恐懼感當然是促使我們奮發向上的助力，沒有了它，大多數的人就失去了激發自己向上的動力，也就是沒了奮鬥動機。但是，過度恐懼卻也不是件好事，只會讓我們成天憂心，久而久之成了習慣，甚至於內化成個人的性格，變成無事不憂，反而綁手綁腳，讓你什麼事也做不了。

反正對於不可知的事，所有猜想都是機率問題。以統計學來說，最壞和最好的情況出現的機率都是微乎其微的，同時它們的機會也大略相等。所以，你擔什麼心呢？更何況，如果最壞的結果真被你料到了，你又能怎麼辦？能夠改變它嗎？所以說，與其一顆心七上八下的，倒不如及早規劃一下如何亡羊補牢，甚至是另謀解決之道吧！

從工作中尋找生命的動力

蕭伯納說：「讓人愁苦的秘訣就是，有空閒的時間來想想自己到底快活不快活。」卡內基告訴我們：「讓自己忙碌起來，你的血液就會開始循環，你的思想就會開始變的敏銳──讓自己一直忙著，這是世界上治療憂慮最便宜的一種藥，也是最好的一種。」

美國創造蘋果電腦的賈伯斯、日本松下電器的創始人松下幸之助、豐田汽車的會長豐田英二，在他們的生活中，工作本身就是他們的生命。活著就要不斷的工作，這樣才會感覺生活是美好的。

世界上最著名的女冒險家奧莎・強生，十五歲結婚。二十五年來，與丈夫一起周遊世界各地，拍攝亞洲和非洲逐漸絕跡的野生動物影片，九年前他們回到美國，到處做旅行演講，放映他們那些有名的記錄片。他們在飛往西岸的時候，飛機撞了山，她的丈夫當場身亡，醫生說她永遠不能再下床了。可是，三個月後，她卻坐著輪椅發表演講，當有人問她為什麼這樣做的時候，她說：「我之所以這樣做，是工作讓我沒有時間再去悲傷和擔憂。」

忙碌起來吧！在工作中你不僅能獲得事業的成功，還會擁有堅強的品格。在忘我的工作中傾盡身心，從而在自己身上培養出自信、自強、快樂，絕不妥協而且積極向上，堅忍不拔而且包容寬大等高貴品格，並且來自在這樣的工作態度中開發出優秀的才能。

如果條件具備，我們也許正從事著帶領他人、影響他人的工作，我們一定要感悟與珍視自己工作的意義，並用自己的勤勉與滿懷喜悅的工作，把這種感悟與珍視傳遞給身邊的人，讓他們也能真實檢測自己生命價值的成績單，去開發出天賦潛力中最優秀的才能，去培育出內心中最優良的高貴品格。

即使暫且做一些別人眼裏乏味卑微的工作，我們也應當努力自許，從中尋找出一些興趣和喜悅來，千萬不要容許自己有厭惡、厭倦之心。習慣了厭惡、厭倦之心，即使你從事世上最神聖的工作，也會感覺毫無意義。

我們應該做的是，以一種藝術家的精神來享受我們的工作意義，竭盡全力，滿懷熱忱，全神貫注，質樸真誠地寫每一封信或講每一句話、買入或賣出每一件商品、處理每一筆業務或項目，都彷彿是自己妙手精心的選擇。我們一生美麗而成功的生命塑像慢慢浮出了，最優秀的才能與內心中最高貴的人生品格，將展現在我們的人生作品上。

積極行動是成功的基礎

對於成功而言，究竟什麼是第一位？觀念還是行動？如果你的回答是觀念，那麼你只是做了一個極好的、有邏輯回答。然而不幸的是，你錯了。觀念並不是第一位，行動才是第一位！你得先採取措施，讓自己行動起來。只有如此，成功的泉水才會源源不斷的湧現出來。所以真正的優秀不是你想了什麼說了什麼，而是在於你做了什麼。

行動不一定每次都能帶來幸運，但坐而不行，一定無任何幸運可言。行動是知識的果實，是成功的導師。

有的人整天都在夢想，儘管這些夢想很偉大，甚至很周密，但若沒有行動，夢想就成了幻想了。正如有的人很想學會游泳，只在床舖上乾游，能行嗎？絕對不行。世界上沒有白吃的午餐，天上不會掉下餡餅，一分努力一分收穫。

生活中有很多的人都想成功，但不是沒有正確的目標就是缺乏行動。其實，一個人只要去行動，機會總是會有的。許多人之所以在生活中表現得冷漠、空虛、無聊、抑鬱、沮喪乃至對什麼事都感到興趣缺缺，關鍵是他們從來沒有獲得過心理學上所稱的「高峰體驗」，也就是說他們沒有因自己的努力、奮鬥和投入參與，獲得一種夾雜著成功、榮耀、被尊重、完成、自我肯定等，在內的積極強烈的興奮感，讓自己有一種如醉如癡、歡樂至極的感覺，並擺脫了一切懷疑、恐懼、壓抑、緊張、怯懦和自卑。

人與人之間只有很小的差異，而這種很小的差異卻造成了很大的差異，很小的差異就是所具備的心態是積極的還是消極的，巨大的差異就是成功與失敗。人世間的事情，沒有一件絕對完美或接近完美。如果要等所有條件都好了以後才去做，只能永遠等待下去了。

光是幻想，是不能導致成功的，唯有下定決心並積極採取行動，才能得到你所要追求的東西。如果你在今天做出決定，然後明天又變更決定，那麼你注定要失敗。

成功人士的首要標誌，在於他的心態。一個人如果心態積極，樂觀的面對人生，樂觀的接受挑戰和應付麻煩事，那他就成功了一半。當你有一種信念或心態後，你把它付諸行動，就更能加強和助長這種信念。當你養成制定目標，實現目標的習慣之後，你就判若兩人。從前成就平平，現在卻能取得連自己也想不到的成就。

你自己的木材你要自己砍，你自己的水你要自己挑，你生命中的主要目標是由你自己來塑造，立刻行動起來吧，渴望成功的人！

凡事三思而後行

在這個社會生存，切記：「一失足成千古恨」的訓誡，處處小心自己的腳步，千萬不要走錯方向。

凡事進易退難，謀定而後動才是明智之舉。率性莽撞而行，只能把自己置於不利的境地。

歌德曾說：「決定一個人的一生，以及整個命運的，只是一瞬間。」是啊，往往我們一瞬間的衝動，就會毀了自己的一生，所以在我們遇事的時候，不妨多考慮一下後果，做到「三思而後行」，也許事情就會出現轉機。我們要學習調節自己的情緒，多考慮一些，使自己波動的情緒有時間得到緩衝。在我們鬧情緒的時候，耐心思考解決問題的方法遠比找其他人發洩來得高明。學會遇事時用思考代替動怒，我們就是人生的智者。

「三思而後行」並不是膽小怕事、瞻前顧後，而是成熟、負責的表現。

當你決定做一件事的時候，特別是重大問題時，必須要進行全方位的考慮，拿不準的時候多聽聽旁人的意見也是很有益處的。

做事需要迅速，但並不是一味求快，用心思考的時間對於行動來說並不是一種浪費，簡單求快的做事方法並不適合於每一件事情。遇到重大的事情和問題，明智的選擇就是在冷靜的審視之後，再做出決斷。正如鮑威爾曾經講過的：「在做決策的時候需要在掌握四〇％至七〇％資訊時做出你的決策。」資訊過少，風險太大，不好決策；資訊充分了，你的對手已經行動了，你就出局了。

不經思量，武斷從事，只能導致不良的後果。無論做什麼事情，都要對利與弊進行分析和比較，權衡利弊。要看做一件事情，是利大還是弊大？是利多還是弊多？凡利大的事、利多的事、弊小的事、弊少的事，就做；反之，凡弊大的事、弊多的事、利小的事、利少的事，就不做。三思而後行，讓有思想且慎重的人在實踐生活中獲得了巨大的實惠。有些人經常遭遇挫折，正是平時不善於動腦思考，衝動草率而造成的結果。對客觀情況缺乏瞭解時，萬不可貿然行事，否則事情會弄得一團糟。只有仔細的進行調查研究，考慮成熟後，你才能跳出錯誤判斷的枷鎖，正確地認識事物。

無論做什麼，保持慎重才能以自己的聰明才智，穩紮穩打獲得成功，否則難免會吃苦頭。朋友們，當你們做事之前，請先記住一句話：凡事三思而後行。

終身學習，成功的源泉

有這樣一個實驗：把六隻蜜蜂和六隻蒼蠅裝進同一個玻璃瓶中，然後將瓶子平放，讓瓶底朝著窗戶。很快你就會看到，蜜蜂不停地想在瓶底上找到出口，一直到牠們力竭倒斃或餓死；而蒼蠅則會在不到兩分鐘內，穿過另一端的瓶口逃之夭夭。

蜜蜂以為，囚室的出口必然在光線最明亮的地方；於是，牠們不停地重複著這種合乎邏輯的行動。對蜜蜂來說，玻璃是一種超自然的神秘之物，牠們在自然界中從沒遇到過這種突然不可穿透的大氣層；而牠們的智力越高，對這種奇怪的障礙就越顯得無法接受和不可理解。事實上，正是蜜蜂對光亮的喜愛，導致了牠們的滅亡。

而那些愚蠢的蒼蠅則對事物的邏輯毫不留意，牠全然不顧亮光的吸引四下亂飛，結果誤打誤撞地碰上了好運氣；這些頭腦簡單者總是在智者消亡的地方順利得救。因此，蒼蠅得以最終發現那個出口，並因此獲得自由和新生。

英國技術預測專家詹姆斯・馬丁有一個測算：人類的知識在十九世紀是每五十年增加一倍，

二十世紀初是每十年增加一倍，七〇年代是每五年增加一倍，而近十年則是每三年翻一番。到二〇〇三年，知識的總量將比二十世紀末增長一倍；到二〇二〇年，知識的總量是現在的三到四倍。到二〇五〇年，目前的知識只佔屆時知識總量的一%。比爾・蓋茲曾經對微軟的軟體開發人員說過：「再過四、五年，現在的每個程式指令都得淘汰。」

眾所周知的摩爾定律被用來形容半導體科技的快速變革，其基本內容是：平均每過十八個月，半導體芯片的容量就會增長一倍，成本卻少一半。

而「新摩爾定律」即光纖定律則是：Internet的頻寬每九個月會增加一倍的容量，但成本也同時降低一半。

世界每時每刻都在發生變化，我們要想跟上時代的發展必須要不斷的學習，把學習變成習慣，變成生活的一部分，如同刷牙洗臉一樣，離開學習一天就感覺不舒服。當學習成為一種習慣，你不會感覺學習是一種負擔，是一種壓力，而是把它當作一種樂趣，當作生活不可或缺的一部分。

電池不充電，電量會隨著時間一點點的流失，人不學習，就會一天天的變蒼白。所以要想不讓自己貶值，或者需要增加自身價值，就要不停地「充電」。歌德說：「人不光是靠他生來就擁有一切，而是靠他從學習中所得到的一切來造就自己。」當我們擁有了一份理想的工作時，如何在工作中展現自己的價值，去創造價值，我們不僅需要一顆熱情的心去對待我們的工作，我們還要在工作中不斷學習，以心靈進行有效的自我監督，嚴格自律，才能更出色的完成工作，一步步走向成功。

人脈，為之則左右逢源

在你的「人生存摺」中，除了金錢、專業知識，你有多少人脈？你的「人脈競爭力」有多強？

史丹佛研究中心曾經發表一份調查報告，結論指出：一個人賺的錢，一二・五％來自知識，八七・五％來自關係。這個數據是否令你震驚？

在好萊塢，流行一句話：「**一個人能否成功，不在於你知道什麼，而是在於你認識誰。**」

美國老牌影星寇克・道格拉斯(麥克・道格拉斯之父)年輕時十分落魄潦倒，有一回，他搭火車與旁邊的一位女士攀談起來，沒想到這一聊，聊出了他人生的轉折點。沒過幾天，他就被邀請至製片廠報到，那位女士是知名的製片人。即使寇克的本質是一匹千里馬，但也要遇到伯樂才能美夢成真。

一個能力平常的人，若很會編織社會關係網，關鍵時刻必有「貴人」相助，不論在商場還是官場，都可能心想事成。一個能力較強的人，若不會廣交朋友，結識對自己有用的人，也可能一生發不了財，升不了職，壯志難酬。這說明，一個人要想在社會上生存、發展，光有才能不行，還要累積「社會資本」。在競爭激烈的現代商場、職場，每個人都必須不斷開發自己的社會關係網路，而成功人士總是比對手具有更龐大和更有力量的人際關係。

那麼，建立人脈的原則有哪些呢？

卡內基告訴我們：「如果有一個成功秘訣的話，那就是如何得到對方『立場』的能力；由他的觀點設想，正同由你自己的觀點一樣。」具體分析下來包括三個方面：

一、互惠

人和人之間都是相互的，所謂贈人玫瑰手留餘香就是這個道理，如果我們只想擁有而不想給予，那將是一個自私的人，而自私的人是不會擁有真正的朋友的。主動的去幫助對方，並且不要拒絕朋友的幫助，人是越幫忙越親近，越不好意思越疏遠。

二、互賴

互賴包括：互相依賴、互相信賴。「人」字本身就是一撇、一捺互相依靠，互相扶持。

三、分享

分享是一種最好的建立人脈網的方式，你分享的越多，你得到的就越多。世界上有兩種東西是越分享越多的：智慧、知識。

在這紛繁複雜的社會中如何建立人脈，這裡提供幾點建議：

一、建立你的價值

在盤點人脈關係前，冷靜問問自己：你對別人有用嗎？你無法被人利用，就說明你不具有價值（比如說，職業規劃無非是提升你的「被雇用價值」），你越有用，你就越容易建立堅強的人脈關係。

二、向他人傳遞你的價值

世界第一的推銷員喬・傑拉德在臺灣演講時，他把他的西裝打開來，至少撒出了三千張名片在現場。他說：「各位，這就是我成為世界第一名推銷員的秘訣，演講結束。」然後他就下場了。

在日常社交中，有兩種心態不太可取：一是自我封閉，傲慢；二是憤世心態，以超脫自居。

三、向他人傳遞他人的價值，成為人脈關係的一個中轉站

你很有價值，你身邊也有很多朋友各有自己的價值，那麼為什麼不把他們聯繫起來，彼此傳遞更多的價值呢？如果你只是接受或發出資訊的一個終點，那麼人脈關係產生的價值是有限的；但是，如果你成為資訊和價值交換的一個樞紐中心（hub），那麼別的朋友也更樂意與你交往，你也能促成更多的機會，從而鞏固和擴大自己的人脈關係。

所以，尋找並且建立自己的價值，然後把自己的價值傳遞給身邊的朋友，並且促成更多資訊和價值的交流，這就是建立強而有力人脈關係的基本邏輯。

敢於說出「我錯了」

古人說：「人誰無過？過而能改，善莫大焉。」勇於認錯並不是每個人都能做得到。最要不得的是：「知道錯了，還要推卸責任」，那才是不可寬恕的。

假如你常常犯錯，卻又一點也不肯承認，那麼產生的問題就已經不限於「認錯」而已了。人都會犯錯誤，為什麼不勇於承認錯誤呢？犯了錯就要承認，尤其在你明白自己犯錯的時候，就要馬上認錯，因為你犯的錯誤可能正影響其他人，而一再遲疑只能顯出你一味將責任推卸給別人。你應該勇敢告訴受影響的那一方，你可以或者願意做什麼樣的補償以更正錯誤；假如損害實在無法彌補，道歉是你唯一能做的。

勇於承認自己的錯誤，可以澄清事實，消除誤解，讓人知道你有責任感。

錯了就是錯了，要有勇於承認錯誤的勇氣。如果你錯了，就要迅速而真誠地承認，這樣做，要比為自己爭辯有效得多。在一些非原則性的問題上，即使你沒有錯，有時主動先認錯，不僅會顯示出你的胸襟，還會使你贏得一個良好的人際關係。

一個人有勇氣承認自己的錯誤，可以獲得某種程度的滿足感，這不僅可以有效地消除內疚感和自我防衛的氣氛，而且有助於解決因這個錯誤所製造的麻煩和問題。

投資大師索羅斯曾經說過這樣一段話：「基本上，別人認為我不會犯錯，這樣的看法是被誤導了，因為我一點不介意強調這點——其實我和旁邊那個人犯同樣多的錯誤。但是我覺得自己最拿手的地方，就是勇於承認自己的錯誤，這就是我的成功秘密，我學了一個重要的洞察力，就是認清人的思想有與生俱來的謬誤。」

卡內基說：「如果你錯了，迅速、鄭重的承認下來。假如我們知道一定要受到責罰，那我們何不先責備自己，找出自己的缺點，那是不是比從別人嘴中說出的批評，要好受得多？」

因此，在犯錯誤的時候不要擔心，不要害怕，更不要推卸責任。堅定地說一句：「我錯了！」別人會對你刮目相看的。

掌握圓滑的批評方法

卡內基說：「我們要勸阻一件事，永遠避開負面的批評這是必須要記住的。」如果有這個必要的話，我們不妨旁敲側擊的去暗示對方。對人負面的批評，那會毀損了他的自尊，剝奪了他的人格。如果你旁敲側擊，對方知道你用心良善，他不但能接受，而且還會感激你。

所以要改變別人的意志，而不引起對方的反感，其中一項規則是：間接指出別人的過錯。

如果你希望你的批評可以取得良好的效果，就要在方法上下工夫。一個人犯錯後，最難以接受的就是大家的群起攻擊，這樣勢必會傷害他的自尊心。怎樣批評，實際上是一種說服的技巧，是一門溝通的藝術。批評的目的意在打動對方，使得對方能認識到自己的錯誤，回到正確的軌道上，而不是貶低對方，即使你的動機是好的，是真心誠意的，也要注意方式和場合等問題。

要記住，每個人都是有自尊的。當有外人在場的時候，即使最溫和的方式，也可能會引起被批評者的不滿，認為你沒有給他面子，讓他顏面盡失。

所以，要批評一個人的錯誤時，最好避免在公共場合，盡量選擇單獨會談的方式。讓對方感覺到自己的錯誤，沒有必要當著別人的面公開指責。

其實，任何有上進心的人都不願意犯錯，而你的目的也是為了要幫助對方，讓犯錯的人認識到自己的錯誤，而不是為了貶低對方的人格。因此批評以適可而止、給對方留有餘地的方式最好，這會讓對方感謝你的寬容。

經濟學家羅伯特在一次商務會議上遇到了這樣的一個場景：那是一家公司的聖誕晚會，但事實上受到邀請的人都是與公司有生意往來的合作夥伴，所以這個晚會相當於一個非正式的商務宴會。公司的一個高級職員穿了一件不十分得體的晚禮服，與羅伯特談話的公關部經理看到後馬上中斷了和他的對話，走到那個職員面前。

「你怎麼穿這樣的衣服來了？」經理的聲音不大，但還是有人能聽到。「對不起……之前準備好的衣服不小心刮壞了，所以就……」「那也不能穿這樣來吧？」經理嫌棄地看著職員身上的衣服，「簡直是丟公司的臉。」面對咄咄逼人的經理，那個職員的臉色越來越難看。「不要再解釋了，馬上去給我換一件，要不就離開這裡，不要在這裡丟人了。」被說得無地自容的職員只好狼狽地離開了會場。

目睹這一切的羅伯特覺得這個經理做得過分了，他心想這個經理應該不會在現在的位置上待很久。果然，幾個月後，這個經理被公司調到了外地的分公司，理由是無法和下屬很好地相處。

注意自己批評別人時口氣是不是盛氣凌人，有沒有顧及到對方的感受，如果沒有，請馬上改正。因為這種批評方式只會讓人越來越疏遠你，正確的批評方式不僅能幫你樹立威信，還能讓更多的人親近你。

學會給人戴高帽

有一個小故事：有甲乙兩個獵人，各獵得兔子兩隻回來，甲的妻子看見冷漠地說：「你一天只打到兩隻小野兔嗎？真沒用！」，甲獵人不太高興，心裏埋怨起來，妳以為很容易打到嗎？第二天他故意空手而回，讓妻子知道打獵是件不容易的事情。

乙獵人遇到的則恰恰相反，他的妻子看到他帶回了兩隻兔子，歡天喜地的說：「你一天打了兩隻野兔嗎？真了不起！」，乙獵人聽了滿心喜悅，心想兩隻算什麼，結果第二天他打了四隻野兔回來。

人的本性就是喜歡主動地做一些事情，而不是被動的，而讚美就有這樣神奇的效果。

人總是喜歡被稱讚的，無論是六歲的孩子還是古稀的老人都一樣喜歡被稱讚，尤其是喜歡將自己和別人比一比，將自己說的比別人好一點。稱讚是欣賞和感謝，它給人的喜悅是無法比擬的，一張冷漠的面孔和一張缺乏熱情的嘴是很令人失望的。懂得欣賞別人，才能更多地發現別人的優點，才能從他們身上汲取提升自己的能量。

讚美別人最要緊的是熱情，不要說一些敷衍塞責的話，讚美別人不僅可以從大處著眼，更要從小處發揮，這樣才能顯示出你的細心與熱誠，缺乏熱誠的人是不會注意到小節的。

學會發現別人優點的關鍵在於要有一顆公平之心，欣賞別人應該是真心的、不帶偏見的。有一個詞在國外使用頻率非常高—「Congratulation」（祝賀），這個詞很長，但是他們說得很熟練，他們家人之間、朋友之間、同事之間，因為一點小成績、一點小進步就祝賀，為什麼祝賀？因為他們能發現有可祝賀的事情，他們眼中有美，他們眼中有對家人、朋友、同事的關愛。

學會讚美別人吧，給別人戴個高帽，也就為自己贏得了一片天空。

讓人樂意去做你所建議的事

世界著名的心理學家史京納以他的試驗證明，在學習方面，一隻有良好行為就得到獎勵的動物，要比一隻因行為不良就受到處罰的動物學得快，而且更能夠記住牠所學的。

進一步研究顯示，人類也有同樣的情形。我們用批評的方式，並不能夠使別人產生永久的改變，反而常常會引起憤恨。

另一位偉大的心理學家席萊說：「我們非常希望獲得別人的讚揚，同樣的，我們也非常會害怕別人的指責。」批評所引起的憤恨，常常會降低員工、家人以及朋友的士氣和情感，而所指責的狀況仍然沒有獲得改善。

彼得，是一家工程公司的安全協調員，他的職責之一是監督工地工作的員工戴上安全帽。他說以前他一碰到沒有戴安全帽的人，就官腔官調地告訴他們，要他們必須遵守公司的規定。員工雖然接受了他的糾正，卻滿肚子不高興，常常在他離開以後，又把安全帽拿下來。

於是他決定採取另一種方式。下一次他發現有人不戴安全帽的時候，他就問他們是不是安全帽戴起來不舒服，或者有什麼不適合的地方。然後他以令人愉快的聲調提醒他們，戴安全帽的目的是在保護他們不受到傷害，建議他們工作的時候一定要戴安全帽。結果是遵守規定戴安全帽的人越來越多，而且沒有造成憤恨或情緒上的不滿。

有一天中午的時候，司華伯偶然走去他的一家鋼鐵廠，看到幾個工人在吸煙，而在那些工人頭頂牆處，正懸掛著一面「禁止吸煙」的牌子。司華伯沒有指著那面牌子，去向那些工人說：「你們是不是不識字。」

他走到那些工人面前，拿出煙盒，給他們每人一支雪茄，並且說：「嗨，弟兄們，別謝我給你們雪茄，如果你們能到外面吸煙，我就更高興了。」那些工人知道自己犯了錯誤，可是他們欽佩司華伯，他不但絲毫沒有責備他們，而且還給他們每人一支雪茄當禮物，使工人們覺得高貴。從這以後，司華伯再也沒有在自己的鋼鐵廠內看見工人們吸煙。

人與人之間，一項重要的規則是：「永遠使人們樂意去做你所建議的事。」怎樣才能改變他人的意志，而不引起他人的反感、抱怨，需要有一定的技巧和方法。以這種讚美的語言以及獎勵來替代批評和懲罰對他們有效，對你也同樣有效，這是人的天性。

所以要讓他人樂意去做你想要他做的事情，就多多讚美他、獎勵他吧。

鑰匙三：

思考致富—拿破崙・希爾

如果你想致富，但又不會提問題，也就說明你不會思考。

思考是人生中一筆最寶貴的財富。

有了思考人生才變得豐富多彩，充滿創意和活力。

人生只有夢想是不夠的，必須使之強烈，變成慾望；

必須付諸行動，制定合理的計畫；

必須有信心、專業的知識（非學校所教）、決心和毅力等等。

但是對於人來說最重要的是「思想富有」。

我們不應該把致富當成我們成功的全部定義，

如果這樣，那麼我們的生活就會變得索然無味。

「心理作用」的神奇效果

人是不能離開物質的，但很多時候，心理作用在人的生活中能夠發揮很大的作用。比方說，對陌生事物的恐懼感、心理暗示、從眾心理、實現自身意願的心理、報復心理、自卑心理等等。

很多朋友在創業的起步階段，都希望找一個靠山，以為這樣自己可以省下不少力，風險似乎也小了，心裏也有底了。其實這些都是心理作用，真正經歷過你就知道：致富的道路和人生的道路一樣，終究還是需要靠自己。

美國歷史上著名的作曲家柏林，他在還沒有成名的時候，每個月的收入只有一百二十美元，維持生活都很困難。當時在音樂界如日中天的奧特雷，很欣賞柏林的才華，就問柏林願不願意做他的秘書，每個月願意付他八百美元的薪水。八百美元，是當時柏林薪資的好幾倍，對於當時經濟陷入困境的柏林，是一個不小的誘惑。但柏林深思熟慮之後對奧特雷說：其實我現在的確需要錢，也想找一個靠山，但我知道我早晚要走自己的音樂之路，如果我答應做了你的秘書，那麼將來我會變成一個二流的奧特雷，但如果我堅持走自己的音樂道路，那麼總有一天會有一個一流的柏林出現在你面前。柏林謝絕了奧特雷的好意，沒有找一個靠山，而是依靠自己的努力，最終成為美國歷史上著名的音樂家。

有這樣一個暗示測試實驗，在不告知測試人的前提下，連續找他的幾個好友去「關心」他。

第一個朋友說：「你今天臉色看上去不太好。」他回答：「沒事的。」

第二個朋友對他說：「你是不是有點不舒服？」他回答：「可能是昨晚沒睡好。」

第三個朋友對他說：「你是不是病了，有什麼需要我幫忙嗎？」他回答：「好像是有點不舒服，等下到醫院去看看。」

據說這個實驗成功機率很高，是因為人恐懼病痛。如果就這樣子嚇出病了，不但賺不到錢，還得大把大把的往醫院裏送錢。

在很多時候，人的行為並不是自身思維的結果，而是心理作用的結果。於是，在很古老的時候就產生了各式各樣的宗教，其實是在發現人的心理作用後採取措施的結果。宗教無一例外地誇大了人的心理作用，並用此來控制人。物質的豐富與心理作用的大小並不成正比或反比，因人而異，因時而異。但不管怎樣，對人而言，心理作用有時起著很大的作用。

致富的鑰匙，一個好點子

在激烈的市場競爭中，人們經常抱怨沒有市場，其實永遠沒有飽和的市場，就看你是不是有心人。拿破崙・希爾在書中說：「你只需要一個好主意就能成功。」開始思考致富之道時，你會觀察到，財富的開端是一種目標堅定的心智狀態，辛勤刻苦反倒是其次的因素。想要致富，必須先要有心致力於達成這種目標的心智狀態。

有時候，最好的點子可能會像靠不住的騙術一樣簡單至極。「必須」並不是發明的唯一母親。事實上，許多人已經展現出超級的創造才能，他們著手解決那些你甚至還沒有意識到其存在的問題，並在此過程中使自己成了百萬富翁。**點子加上膽子，就等於財富**。

美國有個設計師，名叫米特。有一天，他住在一家旅館裏，突發奇想：世界上各式各樣的陸上旅館都有，就是沒有水下旅館。而水下世界是十分神秘有趣的，人們都願意欣賞，我為什麼不建一家水下旅館呢？於是他立即行動。

開始，他設計的是直接在海裏修一座房屋，屋牆上裝有許多玻璃，人們可以透過玻璃窗，在水下探照燈的照射下，欣賞各種海底奇觀。

由於實施上的困難，米特調整他的點子。他千方百計找到了一艘退役的大船，將它租來。然後將船底進行部分改造，安裝了許多特製玻璃，船底一騰空就可以安裝五十個房間。遊客們進入這座特別旅館後，大船就慢慢地開往淺海。人們一路上可以看到各種海底景色和魚類，這個旅館因為獨特，客人也多，每個房間的租金也高，一晚達五千美元。

拿破崙・希爾在書中說：「一旦你已掌握到這種哲學的原理、法則，也開始奉行調教運用這些原理、法則，就要好好地仔細留意，你的財務狀態正在蒸蒸日上，你所碰到的一切事物都會點石成金，化為助你一臂之力的資產。」

有二百年歷史的杜邦公司在創建之初是做黑色炸藥的，十九世紀後半期已經成為有名的炸藥製造商。然而保持有名的炸藥製造商容易，但要尋求更大的發展，卻難有突破口。為此，細心的杜邦在二十世紀實現了兩次轉型，從炸藥轉向化學品，又從化學品轉向生物科技，現在杜邦公司已經成為具有相當實力的綜合性集團。

杜邦成功的秘訣在於杜邦總是能站在市場的位置上觀察杜邦這個企業，跳出自己的圈子，站在外面看自己，從而保持了自己與市場的適應性。好主意固然是致富的鑰匙，同時也要根據環境的變化而做出調整，才是致富的鑰匙。

運氣偏愛有頭腦的人

古往今來，人們都很看重運氣。但是，運氣只是一種可能，一個必要條件，有了運氣並不一定就會成功。面對同樣的運氣，不同的人有不同的表現和結局。只有努力提高自身素質，苦練「內功」，充分累積和準備，才能在運氣到來時「利用」運氣。運氣偏愛有頭腦的人。

雖然運氣是一種不以人們意志為轉移的客觀因素，有一定的神秘性，但也不是無法捉摸和預料的。聰明的人總是一方面從事手頭的工作，一方面注意捕捉著取得突破或成功的時機，當時機沒有成熟的時候，便積蓄力量或者尋找出路，一旦時機成熟就順應形勢或潮流，促成自己的事業達到高峰。

常常聽到有些人抱怨命運之神忽略了他，總以為自己運氣不好，因而把工作和生活上一切不順心的事，都歸咎運氣不好。其實，運氣對每一個人都是公平的，不存在厚此薄彼的問題，這就像陽光雨露會播撒到大地上每一塊地方一樣，關鍵是一個人面對運氣究竟能不能真正把握住。

人們熟知牛頓和蘋果的故事，就是因為牛頓喜歡思考，才發現了萬有引力定律。多年來，牛頓一直在為重力問題苦苦思索、研究。在這一漫長的過程中，牛頓思考了該領域內的許多問題及其相互之間的關聯，可以說，關於重力問題的一些極為複雜深刻的問題，他都反覆思考推敲過。蘋果落地這一常見的日常生活現象之所以為常人所不在意，而能激起牛頓對重力問題的理解，能激起他靈感的火花並進一步做出異常深刻的解釋，很顯然，這是因為牛頓對重力問題已有了深刻理解的結果。

因此，成千上萬顆蘋果從樹上掉下來，卻很少有人能像牛頓那樣引發出深刻的定律出來。有許多發現和發明看起來是純屬偶然，其實，仔細探究就會發現，這些發現和發明絕不是什麼偶然得來的，不是什麼天才靈機一動或憑運氣得來的。

事實上，在大多數情形下，這些在常人看來純屬偶然的事件，不過是從事該項研究的人長期苦思冥想的結果，也就是說，純粹的偶然性雖以偶然事件的形式表現出來，但它其實也是在不斷實驗和思考之後所必然出現的一種形式。

能夠把握運氣並且充分地利用運氣的人，運氣時刻都存在著，面對運氣就像是有經驗的船夫利用風一樣，兩者之間似乎有一種默契；而對運氣毫無知覺也不會很好地利用的人，即使運氣來到眼前，他也不能及時地抓住，而是常常讓機會白白地失去。

貧窮不是上帝的錯

在現實生活中，很多人總是抱怨上帝不公，總是說上帝為什麼讓我如此貧窮，為什麼不給我想得到的一切。他們總是把自己失敗或不如意的原因歸為命運，為自己的過錯或失敗尋找藉口。其實，貧窮或者富有，失敗或者成功，其根源不在別人，而在你自己。失敗沒有藉口，貧困沒有藉口。上帝是公平的，他從來不輕看任何人。你的貧窮不是上帝的緣故，而是因為你從來就沒有產生過致富的願望，沒有產生過出人頭地的想法。這個世界沒有什麼不可能的，只要你相信自己。是的，貧窮不是上帝的意願。就算是，只要你願意努力，上帝也會給你讓路。

福勒是美國路易斯安那州一個黑人佃農的孩子，他跟其他窮孩子一樣，從小就開始工作。九歲之前，他從事趕騾子的工作，為家裏賺取有限的金錢。小福勒比他的朋友們幸運，因為他有一位不平凡的母親，因為母親不認為全家人應該貧窮。她時常激勵兒子說：「福勒，我們不應該貧窮。我不願意聽到你說：我們貧窮是上帝的意願。我們貧窮不是上帝的緣故，而是因為你父親從來就沒有產生過致富的願望，我們家庭中任何人都沒有產生過出人頭地的想法。」

「沒有人產生過致富的願望！」這句話在福勒的心靈深處刻下了深深的烙印，以致改變了他的一生。從此，他心裏有一個強烈的致富慾望。成年後他在一家肥皂公司當推銷員長達十二年之久。他努力工作，並把賺來的錢存下來，最後他買下了這家公司。

嚮往富有是大多數人的理想，但貧窮與富有之間有一道不可逾越的鴻溝。面對這道鴻溝，有嘆息者，有興奮者。嘆息者依舊貧窮，興奮者因機遇而約會財緣。堅持夢想，就能實現夢想，貧窮的人，最需要的就是夢想，天生條件不足，會使我們走得艱難，但後天的努力，會使我們走得順利。

貧窮與上帝無關，貧窮的根源在於人們的心裏，從來就沒有產生過出人頭地的想法和致富的念頭。現在我們窮是不能怪上帝，那是因為很多父輩們從來都不想追求富裕的生活，習慣了過平凡的日子。**貧窮本身並不可怕，可怕的是貧窮的思想。**貧窮是父母親所留下來最大的財產，因為貧窮，使人想到要奮發圖強、從身無分文、白手起家到創立事業，最終的目的就是要趕快從貧窮中脫離出來。

學會化渴望為成功

要觀察一個人做事成功與否，要看他有無恆心，能否善始善終。持之以恆是每個人應有的美德，也是完成工作的要素。一些人和別人合作完成一件事時，起先是共同努力，可是到了中途便感到困難，於是多數人就停止合作，只有少數人還在勉強維持。可是這少數人如果沒有堅強的毅力，工作中再遇到阻力與障礙，勢必也隨著那放棄的大多數，同歸失敗。所以，持之以恆的將渴望化為成功是非常可貴的。

拿破崙・希爾在書中提出了，如何使追求財富的慾望變成金錢的實際可行的六步曲：

第一步，在關注中設想一下自己想要擁有多少金錢，光對自己說：我想得到好多好多的錢是不夠的，要知道自己到底想要多少錢，定出一個準確的數值，這種確定性是有其心理學依據的。

第二步，估計一下自己究竟能夠付出多大的努力，用以換來想得到的財富。

第三步，確定得到夢想的金錢期限，也就是想要得到的那筆金錢總額變為已有的那一天。

第四步，制定一個獲取金錢即夢想成真的明確計畫，然後不管是否準備充足，馬上付諸於實際行動。

第五步，總結一下，將上述內容列一份具體、清晰的清單，清單內容應包括想到的金錢的數額、得到金錢的最後期限、所需付出的代價及具體的計畫、方法。

第六步，將上述所列好的清單多做幾份，分別放於自己床前、辦公桌等容易看到的地方，時刻提醒自己，並且每天認真讀兩遍。早晨起來讀一遍，告訴自己，我一定能得到夢想中的收穫，堅信自己肯定能成功；晚上睡覺前再讀一遍，想著自己不久的將來就會擁有這筆財富，似乎已經在眼前了。

上世紀七〇年代冠絕天下的「荷蘭飛人」克魯伊夫，在一所大學演講時指出：「足球比賽中，能夠持續九十分鐘的，不可能是絕頂的技術和出色的戰術，唯一能夠確保的是信念和氣魄。」很顯然，追趕者心中的「渴望」，可以使他相對於領先者而言，更容易保持這種持續性。

有人在給他從事商業的朋友推薦店員時，舉出了某人的許多優點，那做商人的朋友問說：「他能保持這些優點嗎？」這實在是最關鍵的問題。

首先，是有沒有優點？

然後是，有了優點，能否保持？

遇到失敗，能否堅持不懈？

所以，具有堅韌勇敢的精神是最寶貴的，具有這種精神才能克服一切艱苦困難，達到成功的願望。如前所述，在化渴望為成功的過程中，堅忍不拔是重大要素。

堅忍不拔的基礎是意志力，每一個人都應該有堅強的意志力，還應該具有使意志力趨於堅定的能力。如果沒有這種能力，就像永遠達不到沸點的水一樣，那麼靠水蒸汽來推動的火車也只會停在原地。一個有堅強意志力的人，便有創造的力量。不論做什麼事都要有堅強的意志，任何事情只有付出極大的努力才能獲得成功。

進行有理性的思考

思考是人類能力中最高級的活動形式，然而令人遺憾的是，許多人在處理問題時很少真正的理性思考。舉例說，創業需要勇氣，沒有勇氣的人也不會選擇創業，創業是要有勇氣和膽略，還必須會理性地思考問題，當創業遇到困難的時候，往往會有很多的方法可以應對，也許正確的方法只有一個，在這個時候理性的思考就會顯得非常重要。

圖德拉原來在阿拉加斯的一家玻璃製造公司工作，他的經濟情況並不太好，但他內心渴望做石油生意。

有一天，他從一位朋友那裡打聽到阿根廷即將在市場上購買二千萬美元的丁烷氣體，於是就去那裡碰碰運氣。在阿根廷，他發現競爭者是不可低估的強手：英國石油公司和殼牌石油公司。同時他也發現另一件與石油毫不相干的資訊：阿根廷牛肉過剩，政府正想不顧一切地賣掉牛肉。當他得知這條資訊，靈機一動，一個絕好的主意在他腦海中盤旋，他想自己已經有了與兩大石油公司相抗衡的優勢了。他告訴阿根廷政府：「如果你們向我買下二千萬美元的丁烷，我一定買你們二千萬美元牛肉。」基於牛肉過剩的困擾，阿根廷政府與他簽訂了合約。

得到合約後，圖德拉隨即飛往西班牙，西班牙有一家大型造船廠因缺少訂貨而瀕臨關閉，這是西班牙政府重點扶持的一個工廠，涉及政治及其他敏感的問題，政府正大感棘手。他向西班牙政府提出：「如果你們向我買下二千萬美元牛肉，我就在你們造船廠訂購一艘造價二千萬美元的超級油輪。」

西班牙人不勝欣喜。圖德拉離開西班牙後直奔費城的太陽石油公司：「如果你們租用我正在西班牙建造的二千萬美元的超級油輪，我將向你們購買二千萬美元的丁烷氣體。」太陽石油公司同意了圖德拉的條件。結果，圖德拉沒花費一分錢就做成了這筆大生意。圖德拉終於以理性的思考使各方都接受了他的條件，實現了他進入石油業的願望。

正如美國工業鉅子亨利‧福特說的那樣：「思考是最辛苦的工作，難怪很少人會認真去做。」可見，真正的思考應該是理性的思考和科學的思考。

站在知識的肩上思考

知識是可以改變一切的偉大力量，那麼人們要怎樣才能獲得這種力量呢！學習，堅持不斷的學習。人的一切知識都是從學習中得來的，一個人從出生到這個世界上就開始了學習，學習說話，學習走路，學習做事，學習一切。

如果不學習，他就不可能成為一個健全的人。歌德曾經說：「人不是靠他生下來擁有一切，而是靠他從學習中得到的一切來造就自己。」

「一旦有一天你的房子被燒掉了，你的財產被敵人剝奪了，那麼你剩下的還有什麼寶貴的東西呢？」當孩子不能給出正確答案時，他們會進一步追問：「有一種沒有形狀，沒有顏色，沒有氣味的東西，它就是你要帶走的東西，你知道是什麼嗎？它就是知識。」父母們很嚴肅地說，「而且你一旦獲得了某種知識，任何人都搶不走，只要你活著，這寶貴財富就會永遠跟隨著你。」要懂得「知識就是力量！」的道理。

拿破崙・希爾在書中提到：「知識的來源是智慧、累積的經驗、實驗與研究。」憑藉知識制訂計畫，並將計畫付諸行動，就可以把知識化為力量。知識確實有強大的功能，它能改造世界，也能造就人們；它能增強人的智慧、能力，充實人的精神世界；它能化為強大的物質力量，也能改變人，使人更加完美。

五〇年代末，當第一顆人造衛星升上天空的時候，全世界商業對此現代通訊技術還無人問津。沃爾瑪的領導人就認識到了知識和科技的重要，在七〇年代沃爾瑪就率先使用了衛星通訊系統，新世紀開始，沃爾瑪又投資九十億美元實施「網際網路統一標準平台」的建設。使集團的所有店舖、配送中心和經營的所有商品，每天發生的一切與經營有關的購銷等詳細資訊，都能夠透過通信衛星傳送到數據中心，這為管理人員分析和決策提供了最快捷的依據。憑藉先發優勢、科技實力，沃爾瑪的店舖衝出阿肯色州，遍及美國，走向世界。沃爾瑪所有的成功都是建立在沃爾瑪利用先進的知識—資訊技術整合優勢資源，利用資訊技術整合傳統物流的基礎上的，沃爾瑪無疑是一個成功借勢的典範。

在愛迪生的實驗室裏，貼著一條雷諾茲爵士的語錄：「人總是要千方百計地逃避真正艱苦的思考。」而在語錄的下方：「不下決心培養思考的人，便失去了生活中的最大樂趣。」創造史上的大量事實表明，看到同一現象的人，由於思考上的差別，會使一個人成為偉人，而另一些則一直是平庸之輩。

所以，在創造過程中，思考是極為重要的關鍵。思考固然重要，但沒有知識的基礎，對一些問題我們並不具備正確思考的能力。

智慧擁有無窮的力量

智慧，是一根神奇的魔杖，它能讓人們絕處逢生；智慧，是一朵魅力無窮的鮮花，永不凋謝，它讓人聞之，沁人心扉，容光煥發；人擁有它，就可以改變一個人一生的命運；智慧，國家用之，可以為國家帶來源源不斷的財富。

世界著名的軍事家拿破崙說：「在部隊裏面，勇敢的將軍固然重要，但是善於動腦筋思考的將軍更重要，一個士兵，更需要有這麼一個思維智慧的將軍。」其實，在生活的方方面面都是如此。

世界著名的「飯店大王」希爾頓，覺得自己人生得到最大一次啟示，來自他十二歲時的一段經歷。當時在美國西部每個人都隨身帶著槍，但他爸爸卻不帶槍，而且對他說：「帶槍的人必須依靠他拔槍的速度，不帶槍的人，需要的是智慧，我相信智慧的力量會大過武器的力量。」

希爾頓很快領悟了父親這句話的份量：一天，他突然發現爸爸在一個酒館裏面，被一個醉漢拿著槍逼著，若沒有回答醉漢的任何一個問題，就會被槍立即打死。面對這生死立決的一瞬間，他卻驚訝地發現爸爸平靜得很，用一種非常感人的語調，慢慢地對那個拿槍的人說話，那人的態度漸漸軟化，槍掉在地上了，那人竟然抱著他的爸爸哭了！

「智慧的力量大於武器的力量。」這一啟示，指導了他後來的經營之道，最終成為聞名世界的「飯店大王」。

二戰期間，在奧斯維辛集中營裏，一個猶太人對他的兒子說：「現在我們唯一的財富就是智慧，當別人說一加一等於二的時候，你應該想到大於二。」納粹在奧斯維辛毒死了幾十萬人，父子倆卻活了下來。

一九四六年，他們來到美國，在休斯頓做銅器生意。一天，父親問兒子：「一磅銅的價格是多少？」兒子答道：「三十五美分。」父親說：「對，整個德克薩斯州都知道每磅銅的價格是三十五美分，但身為猶太人的兒子，應該說三十五美元。你試著把一磅銅做成門把看看。」

二十年後，父親死了，兒子獨自經營銅器店。他做過銅鼓，做過瑞士鐘錶上的簧片，做過奧運會的獎牌。他曾把一磅銅賣到三千五百美元，這時他已是麥考爾公司的董事長。

然而，真正使他揚名的，是紐約州的一堆垃圾。一九七四年，美國政府為清理自由女神像翻新扔下的廢料，向社會廣泛招標，但好幾個月過去了，沒有人參與標案。正在法國旅行的他聽到消息之後，立即飛往紐約，看過自由女神下堆積如山的銅塊、螺絲和木料之後，未提任何條件，當下就簽了合約。紐約許多運輸公司對他的這一愚蠢舉動暗自發笑，因為在紐約州，垃圾處理有嚴格規定，弄不好會受到環保部門的起訴。就在一些人要看這個猶太人的笑話時，他開始請工人對廢料進行分類。他讓人把廢銅熔化，鑄成小自由女神；把水泥塊和木頭加工成底座；把廢鉛、廢鋁做成紐約廣場的鑰匙。

最後，他甚至把從自由女神身上掃下的灰包裝起來，出售給花店。不到三個月的時間，他讓這堆廢料變成了三百五十萬美元現金，每磅銅的價格整整翻了一萬倍。

智慧是任何人都搶不走的，你只要活著，智慧就永遠跟著你。任何東西都是有價的，都能失而復得，只有智慧才是人生無價的財富，它引導人通向成功，而且永不會貧窮。

周密思索才能萬無一失

牛頓對別人說：「如果說我對世界有些微貢獻的話，那不是由於別的，而只是由於我的辛勤耐久的思索所致。」

世界上勤奮的人數不勝數，但在事業上獲得成功的人卻不是很多。同樣都是勤奮，為什麼有的人成功了，有的人卻沒有成功呢？周密思索，是打開成功寶殿的鑰匙。許多人沒有成功，是因為他們懶得動腦，有些人成功了，是因為他們時時刻刻都在周密思索。

美國著名化學家，一九四六年諾貝爾化學獎獲得者薩姆納說：「只要你不停地使用你的大腦，你的大腦就絕不會衰竭，而你這個人也就永無老朽之悲。在科學上取得成就的訣竅也就在於此。」世界上一切創造發明和科學進步，都是科學家周密思索的結果，每一項工具的改進都是由一個好的想法引起的。在我們這個地球上，最初的人們，也就是原始社會的人，他們以樹葉為衣裳，以野果為食物；後來，有人發明了紡織技術，有人開始種植食物。這樣，人們的穿著和飲食才逐步得到了改善。這些改善，首先是人們在生產實踐中，勤奮用腦，積極思考的結果。

再比如苯環結構，在凱庫勒之前，人們不知道有機物之間碳原子是怎樣結合的。凱庫勒為了揭開這個謎，曾廢寢忘食地工作，但還是什麼也沒有發現，不得已，他放下手頭的工作，把座椅轉向火爐邊進入半睡眠狀態。這時，原子在他眼前飛動，長長的隊伍，變化多姿，彼此連接了起來，像蛇一樣扭動著、旋轉著。凱庫勒驚醒，由此成功地提出了苯環結構。試想，如果沒有長期廢寢忘食的鑽研，沒有豐富的化學知識，凱庫勒是不可能在偶然中破解這一科學之謎的。

古羅馬傑出的演說家西塞羅（Cicero）認為：「一切智慧始於對事實的認識。」然而沒有周密的思考又很難洞察真相。如果倉促草率地做一件事情，虎頭蛇尾並不能圓滿完成，那麼就等於沒有做。做好一件事情並不容易，往往需要耗費很多的精力和時間。只有把一件事情圓滿地完成才能引起別人的注意，只有取得成功才算忙到點子上，只有對事物具有深刻的理解才能取得成功。宏大的事業需要高超的技巧，也需要長久的努力，正如爐中冶煉的金屬，越貴重的金屬需要冶煉的時間就越長。

學會在實踐中思考

在工作、在社交、在日常生活的活動中，你也許就會突然冒出賺錢的念頭和設想，而這些念頭和設想，有的或許就真的能使你創富發跡。遺憾的是，儘管你的念頭或設想一個接一個，但你從來就沒有能把它們當做一回事，也從來沒有認真實踐過。事實上，有的念頭和設想，真可能行之有效，如果你能抓住它，不讓它在你的頭腦裏只是曇花一現，情況也許就不太一樣。

行動是思想的起點和終點，行動產生思想，思想完成行動。在這裡，行動是實踐，而思想就是知識。現代通訊和大眾傳媒的發展，使人們處在資訊的海洋中，市場經濟的發展也為人們提供了日益增長的經濟機會和無窮無盡的消費誘惑。人的慾望在膨脹，思想在擴展，可是行動的能力卻在弱化。「書呆子」這個詞即準確、傳神的表達了光學不用知識的嚴重後果。或許我們生在信奉儒教的國度，或許我們一貫的應試教育做梗，使我們陷入了這樣一個怪圈：我們重學而不知道它的結果，即使得到結果卻又學非所用，當今天外國的產品、文化的意識，洶湧而入的時候，我們的思維應該轉向正確的方向上去，所學就要有所用，為了創造新事物，我們獲得的結果，又使我們不斷地去學習、去創造。

焦耳小時候有一次和哥哥出去玩，突然閃電雷鳴，剛想上岸躲雨的焦耳發現，每次閃電過後，好一會兒才能聽見轟隆的雷聲，這是怎麼回事？他顧不得躲雨，拉著哥哥爬上一個山頭，用懷錶認真記錄下每次閃電到雷鳴之間相隔的時間。開學後焦耳幾乎是迫不及待地把自己做的實驗都告訴了老師，並向老師請教。

老師望著勤學好問的焦耳笑了，耐心的為他講解：「光和聲的傳播速度是不一樣的，光速快而聲速慢，所以人們總是先看見閃電再聽到雷聲，而實際上閃電雷鳴是同時發生的。」

焦耳聽了恍然大悟。從此，他對學習科學知識更加入迷。透過不斷地學習和認真地觀察計算，他終於發現了熱功當量和能量守恆定律，成為一名出色的科學家。

通常來說，我們很多的賺錢機遇，都是來自於這種不經意的，有時是來自於突然冒出來的念頭和設想中。比如，受某種外界的刺激和啟發，你忽然覺得自己興辦一個什麼樣的事業，做一個什麼新公司的投資，說不定能賺錢。問題是這些念頭或設想到底有多大實現的可能性，它一旦在你腦海中閃現出來，就不妨做出可行性判斷，並努力去實踐一下，不要讓它變成沒有多大意義的空想。

當然，也有人例外，他們在經年累月的思考後，產生出一個完善的構想，並把它變成自己行動的周密計畫，然後待時機成熟，將其付諸實現。但經驗證明，大部分的人都是在日常生活中，意外地得到賺錢的靈感，並善於捕捉這種靈感而發跡的。

然而，這些不經意的念頭和設想，就像是浮在水面上的泡沫，一不留心，便會消失，這是件非常可惜的事。有時，一個設想和念頭會突然靈光一現，但很快就消失得無影無蹤。藉著隨手記筆記的習慣，你才能將靈感毫無遺漏地保存下來。**即便是有的念頭在今天看起來還是天方夜譚，明天也許就會美夢成真。**

鑰匙四：

世界上最偉大的推銷員—奧格・曼狄諾

生活是一連串推銷，因為我們每時每刻都在向別人、向社會推銷自己。

推銷自己就是讓別人瞭解自己、喜歡自己、信任自己。

當你與別人真誠溝通交往時，就已邁出了推銷自己成功的一步了。

透過一步步展示自己成功的過程，

同時也在向你的目標接近，邁向成功的階梯。

學會自我肯定

肯定自己，因為這世上只有一個自己；肯定自己，因為每個人都應當看重自己；肯定自己，因為「天生我才必有用」！如果我們連自己都不能看重自己，肯定自己的存在，又怎麼去要求別人來肯定我們呢？有句話是這樣說的：「偉人的必要氣質，是他自以為必須偉大起來。」可見，在別人肯定你之前，你先要肯定自己。

有一個故事是這樣的：從前有一個生長在孤兒院的小男孩，常常悲觀地問院長：「像我這樣沒人要的孩子，活著究竟有什麼意思？」院長總是笑而不答。一天，院長交給孩子一塊石頭，讓他拿到市場上去賣，但告訴他無論別人出多少錢都不能賣。第二天，孩子驚訝的發現，不少人好奇地對他的石頭感興趣，且價錢越出越高。第三天，在黃金市場上，石頭的價錢高了十倍。最後，當石頭被拿到寶石市場上時，石頭的身價又漲了十倍，更由於男孩怎麼都不賣，竟被傳揚為「稀世珍寶」。

後來，院長是這樣說的：「生命的價值就像這塊石頭一樣，在不同的環境下就會有不同的意義。一塊不起眼的石頭，由於你的珍惜而提升了它的價值，竟被傳為稀世珍寶。你不就像這塊石頭一樣？只要自己看重自己，自我珍惜，生命就有意義、有價值」。

對於自我肯定，奧格・曼狄諾曾說過這樣一段振奮人心的話：「高遠的目標不會讓我望而生畏，雖然在達到目標以前可能遭遇挫折。摔倒了，再爬起來，我不灰心，因為每個人在抵達目標前都會遭遇到挫折。」

對於此，前美國第一夫人艾蓮娜・羅斯福也曾說過：「除非你默許，否則沒有人能將你當作是下等人。」想想看，父母生下來的為什麼不是別人，而是我們？在出生之前，我們已經打了一場大仗！所以不論自己是美、是醜、是聰明或是遲鈍，甚至殘疾都應當慶幸：我們是獨一無二的存在，這世上再也沒有任何人會跟我們一模一樣了！也許我們並不是最優秀的，但的的確確獨一無二。在浩瀚的歷史與時間的長河上，因為許多的偶然的機會才造就了我們，我們是生命的一個奇蹟，難道我們不能因此而自豪嗎？

但是，沒有真材實料畢竟是不行的。一塊石頭，無論再怎麼珍惜，價錢再怎麼上漲，也不過仍然是一塊石頭，它並不會因此而改變什麼。但若是把肯定化作動力，去細心地打磨這石頭，那麼，縱使它並不是什麼寶石美玉，但總會有其獨特之處，它也就更容易被人們所認同。生命的價值首先取決於你自己的態度，肯定獨一無二的你自己，珍惜這短暫的幾十年光陰，然後再去不斷充實、發掘自己，最後別人會認同你的價值。

也許你沒有過人的才智，但請別不相信自己的努力會不如別人；也許你的努力尚未被人們發現或認可，但請勇敢伸出你的雙手，為自己鼓掌，為自己喝采；也許人生的路途艱難險阻，佈滿荊刺，但請昂首挺胸，繼續走下去。因為，這世上至少還有你在肯定著自己。

打造自己成功的品牌

世界上的人有多少，成功的定義就有多少，可謂見仁見智，甚至有的人宣稱，經過了多方的論證之後，得出了這樣一個結論：我們的這個時代最偉大的失敗就是成功，也有不少人常常把成功和物質財富捆綁在一起，有了豐厚的財富，才算是成功嗎？

諾貝爾文學獎得主威廉・福克納說：「我生來就是個流浪漢，一無所有的時候最幸福。以前我有一件外套，口袋特別大，裏面放了一雙襪子、一本莎士比亞精選集，再來上一小瓶威士忌；那我就非常知足了，因為我什麼也不需要，什麼責任也不用承擔。」他感到了幸福就是成功！

奧格・曼狄諾在書中寫說：「成功不是犯人身上的枷鎖，不是規範一切的模板，更不是刻板冷酷的大印。它是每個人的指紋，每個人的眼神，是個性的表現和彰顯。我們所需要的就是鼓起勇氣，去瞭解自我，去實現自我。」

十九世紀中葉，一位浪漫無稽的女士—喬治・桑德女士在一封書信中這樣給成功下了一個驚人的定義：「我對個人之努力而倍感幸福，我知道幸福之必需要素是：簡單的品位、些許的勇氣、略微的自律、心愛的工作以及清白的良心，於是幸福就不再是迷茫虛幻的夢，每個人如果合理運用經驗和思想，都能以自身發掘很多東西，再加上決心和耐心，就能實現健全的心智，所以啊！好好把握今日的生活，不要那麼貪婪，不知道滿足！」

阿爾伯特‧茲威格是奧地利作家、傳道士、醫生、音樂家，一九五二年諾貝爾和平獎獲得者。一九五五年全世界的茲威格迷都在為他慶祝八十歲生日，人們籌集了大量的基金作為生日禮物，送到了這位個頭矮小、性格溫和的手裏。而茲威格正是為了躲避世界的讚譽，才選擇了非洲最深處—法屬赤道非洲去隱居。可是生日那天，還是有五百多人唱著歌，打著鼓，捧著花，聚在一起為他慶祝。

因為，在這個非洲的大陸上，這位好心醫生頭上閃爍的光環，比歐洲任何繁華都市的霓虹燈都更耀眼。

然而，這一天茲威格的慨嘆卻是：「真遺憾，這麼喧鬧，讓我疲倦。」這裡我們看到的是茲威格對成功的偉大見解—但世人卻偏偏不容他去追尋。

有人說，如果一定要去追求一種完美的成功，那是不可能達到的，在人生道路上，我們偶爾也會遇到犯規的現象，不過我們不是偶爾也會投出一記漂亮的三分球來嗎？

所以，不要刻意的去在乎我們偶爾的一次失敗！不是每一件事情之後都會有耀眼的光環，成功有它的代價，那你會時常地感到滿意嗎？為你的付出和所得到的有滿意度嗎？如果沒有，那誰也不可能成功！如何去打造你的成功，一切取決於你自己！

好口才成就好事業

在當今這個競爭十分激烈的社會，口才的重要性變得越來越重要。練就一副好的口才，不僅可以提升你在眾人心目中的地位和形象，使你在複雜的人際關係中遊刃有餘，更重要的是可以為你的工作提供幫助，使你在工作的同時得到晉升的機會，讓你一步步達到事業的頂峰。現代社會的各個方面機會都和口才息息相關。推銷員離不開好的口才，一位口才好的推銷員可以把顧客原來不想買的東西推銷出去；相反，一位口才差的推銷員可能連顧客原來想買的東西都推銷不出去，這就是口才好壞所帶來的天壤之別啊！節目主持人離不開好的口才，一位口才好的節目主持人可以將台上台下的氣氛策動起來，達到台上台下互動的目的；而一位口才差的節目主持人只能使原本就很沉悶的氣氛顯得更加糟糕。律師就更離不開好的口才了，一位口才好的律師可以為原本犯有重罪的人辯護，使其罪行減輕；而一位口才差的律師不僅不能達到為人辯護的目的，可能還會招來唾罵。

口才可以說是無處不在的，但現實是很多人缺乏這個能力。要嘛是惜字如金默默無語，要嘛是廢話連篇絮絮道道。

口才並不是一種天賦的才能，它是靠刻苦訓練得來的。古今中外歷史上一切口若懸河、能言善辯的演講家、雄辯家，他們無一不是靠刻苦訓練而獲得成功的。

美國前總統林肯為了練好口才，徒步三十英哩，到一個法院去聽律師們的辯護，看他們如何論辯，如何做手勢，他一邊傾聽，一邊模仿。他聽到那些雲遊八方的福音傳教士揮舞手臂、聲震長空的佈道，回來後也學他們的樣子。他曾對著樹、樹樁、成行的玉米練習口才。

日本前首相田中角榮，少年時曾患有口吃，但他不被困難所嚇倒。為了克服口吃，練好口才，他常常朗誦、慢讀課文，為了準確發音，他對著鏡子糾正嘴和舌根的部位，嚴肅認真，一絲不苟。這些名人與偉人為我們訓練口才樹立了光榮的榜樣，我們要想練好口才，就必須像他們那樣，一絲不苟，刻苦訓練。

練好口才不僅要刻苦，還要掌握一定的方法。科學的方法可以使你事半功倍，加速你口才的形成。當然，根據每個人的學識、環境、年齡等等的不同，練好口才的方法也會有所差異，但只要選擇最適合自己的方法，加上持之以恆的刻苦訓練，那麼你就會在通向「口才家」的大道上迅速成長起來。

口才不是口若懸河，不是空洞無味的廢話堆積，口才是一個人整體能力的展現：智慧、膽量、學識、素質、儀態……這些方面都要靠一天一天的努力來達到的。

口才就像寫文章一樣，人需要表達自己的思想和看法，文章好的人無非還是用那些字，而口才好的人也無非發那些音。但效果是截然不同的，好的口才就更有說服力，更能勝任將來可能發生的各種情況。無疑，這樣的人更容易成為一個成功者，就像英語一樣，成為每個優秀者必須的工具。

在失敗中找到邁向成功的方法

人人都渴求成功，但成功的路途從來都不是平坦的，失敗是在所難免的。西姆斯曾說過：「要想成功並不難，只要我們辛勤耕耘，堅忍不拔，抱定信念，永不回頭。」

一頭小象被人用一根鐵鏈拴在木樁上，小象因失去自由而憤怒，為擺脫束縛而竭力掙扎。但牠畢竟幼小，木樁鐵鏈足以承受牠的蠻力，牠一次次努力掙扎但又一次次失敗。後來，小象長大了，木樁鐵鏈則已日趨腐朽，憑著牠的身強力壯其實稍一用力就可掙斷那銹跡斑斑的鐵鏈，甚至將木樁也能連根拔起。但遺憾的是，幼時的失敗在這頭象的心裏留下了陰影，使牠認定掙脫的努力是徒勞的。於是牠只能馴服地屈身於鐵鏈旁，至死也沒能獲得自由。

科學家曾做過一個實驗：用一塊強化玻璃把一個水池隔成兩個部分，一邊放入饑餓的鯊魚，一邊則放入鯊魚的美餐小沙丁魚。鯊魚一見到沙丁魚便直衝過去，結果被強化玻璃撞得暈頭轉向，於是吃了苦頭的鯊魚再也不敢游向另一側的沙丁魚了。後來科學家悄悄的把強化玻璃撤了，但鯊魚卻被失敗的陰影鉗制住，望著近在咫尺的美味也不敢再越雷池半步，最後竟活活餓死了。

遇到事情，不能總是想著過去的種種失敗，不要總是因為過去的失敗而懊惱，要不斷努力擺脫過去的失敗。從前有一個少年站在橋上倚著欄杆凝視橋下的流水，只見圓木、木片等垃圾不斷漂流過去，不久河面變乾淨了。幾百年、幾千年、幾萬年以來，河水都沒有改變，不停地在橋下流過。有時流得快，有時流得慢，從未停下腳步。

那天，少年因為觀看流水發現了一件事。那既不是用手摸得到的，也不是眼睛看得見的，而是一個「想法」。他突然領悟到，人生當中的一切事物，有一天都會像河水一樣從橋下流過去。少年十分喜歡「和橋下的流水一樣」這句話。

從此以後，這個想法在他的人生當中發揮了極大的作用。每逢遭遇困難或痛苦時，因為持有這樣的想法所以都能一一克服。當失敗已無法挽回，或某種東西再也拿不回來時，此刻已經長大成人的他就說「和橋下的流水一樣」。他絕不會因失敗而感到懊惱，也不會因此一蹶不振，因為他認為那些都和橋下的流水一樣。

有一個英文詞：trial and error，意思是反覆試驗。從這個詞中你就可以知道error是試驗中多麼重要的組成部分。而我們大多數人在科學研究或實驗當中，總是急於求成，希望一次試驗就能得到預期結果，得不到就會沮喪、懊惱。實際上我們應該坦然地面對失敗，並認真地分析失敗的原因，從失敗中我們或許會得到的更多。

竭盡全力，把握機會

機會宛如一個美麗而調皮的天使，她不時地從你頭頂上飛過，或倏忽降臨在你的身邊，如果你稍有疑遲，她又翩然而去，不論你再如何虔誠地呼喚，她都不會再回來了；她就是喜歡開這種玩笑。在走向成功時，不要放棄任何一個機會，哪怕這個機會只有萬分之一成功的可能。培根說：「通往失敗的路上，處處是錯失了的機會。」

對於機會，奧格・曼狄諾有自己的觀點：「現在我知道，機會之神出現時，從不佩帶財富、成功或者榮譽的標誌。做每一件事，都要竭盡全力，否則最後的機會就會無聲無息地從我身邊溜走。看似平常春天的黎明，某一時刻的花開，也許我就在面對著一生的機緣。面對任何難題，無論它看上去多麼困難，多麼卑賤，我都唯有靠勇氣和毅力才能在機會來臨時，抓住它們，無論它們是大張旗鼓地出現，還是藏在塵埃下面。」

日本推銷之神原一平五十年的推銷生涯，可以說是一連串的成功與挫折所構成的。他成功的背後，是用淚水和汗水寫成的辛酸史。壽險業務員每天要做的工作就是尋找客戶，到底在哪裡可以找到客戶？從一般的日常生活中，只要你夠用心和留心。

有一天，工作很不順利，到了黃昏時刻依然一無所獲，原一平像一隻鬥敗的公雞走回家去。在回家途中，要經過一個墳場，在墳場的入口處，原一平看到幾位穿著喪服的人走出來。原一平突然心血來潮，想到墳場裏去走走，看看有什麼收穫。這時正是夕陽西下，原一平走到一座新墳前，墓碑上還燃燒著幾支香，插著幾束鮮花。心想，說不定就是剛才在門口遇到的那批人祭拜時用的。

原一平恭謹地朝著墓碑行禮致敬，然後很自然地望著墓碑上的字—某某之墓。那一瞬間，原一平像發現新大陸似的，所有沮喪一掃而光，取而代之的是躍躍欲試的工作熱忱。

他趕在天黑之前，往管理這片墓地的寺廟走去。

「請問有人在嗎？」

「來了，來了！有何貴事？」

「有一座某某的墳墓，你知道嗎？」

「當然知道，他生前可是一位名人呀！」

「你說得對極了，在他生前我們有來往，只是不知道他的家眷目前住在哪裡？」

「你稍等一下，我幫你查。」

「謝謝你，麻煩你了。」

「有了，有了，就在這裡。」

原一平記下了某某家的地址，走出寺廟，原一平又恢復了旺盛的鬥志。優秀的業務員會及時把握機會，絕不讓機會白白的溜走。

德國詩人歌德在《浮士德》中這樣告誡我們：「要注意留意任何有利的瞬間，機會到了，莫失之交臂」。有的人常嘆息自己懷才不遇，其實，他們往往牢騷有餘，而才氣不足。「才」是「遇」的先決條件，與其悲嘆懷才不遇，倒不如先檢討你的「才」實力和內涵如何，你的素質到底還有哪些缺憾？我們與其感嘆自己「時運不濟」，只是羨慕別人的「機遇」，還不如首先問一問自己是否真正「懷才」。一般來說，只要有才，總會有被「遇」的機會。

一個人抓住了機會，就能把握住有價值的生命。在知識經濟時代，有志者騰飛的機會、創新的機會或成功的契機，往往有更大的冒險性、瞬間性，機會極易化為過眼雲煙。因此，必須以堅毅果斷、義無反顧的姿態，當機立斷，捕捉機會，千萬不要遲延和等待，更不可優柔寡斷。

學會揚長避短

每個人都希望自己在順境之中生活，但坎坷是不可避免的，只是在次數和程度上每個人不同罷了。其實，我們在感受壓力時，壓力帶來的負面影響往往是由於自己的認知造成，也許在你認為痛苦難耐、無路可走時，稍微改變一下認知，就會柳暗花明又一村。

從前有一個小男孩，在一次車禍中不幸的失去了左臂，但他十分熱愛學柔道，於是他拜一位柔道大師為師。幾個月過去了，大師只教給了小男孩一招，而別人都學了好幾招，小男孩便問柔道大師：「師傅，我是不是應該再學幾招？」大師笑著說：「或許別人需要，但你不需要。」小男孩雖然十分不解，但他還是按照大師的話去做。二年過去了，小男孩還是只會那一招。一次，小男孩去參加世界柔道比賽，他在初賽和複賽中輕鬆地打敗了對手，順利地進入了決賽。決賽那天，裁判官看小男孩是個殘疾人，認為他必輸無疑，就喊了暫停，但小男孩的師傅堅決不同意。於是，小男孩便只好開始比賽。比賽沒過十分鐘，小男孩就用他那唯一的一招打敗了對手，獲得了冠軍。在回去的路上，小男孩終於鼓起勇氣，向大師問了一個自己不解多時的問題：「為什麼我只使用那一招，就能輕鬆地打敗對手？」大師說：「你能只使用那一招打敗對手，有兩個原因：首先，你學的這一招幾乎是柔道學裏最難的一招。其次，據我所知，要想攻破這一招，只有對手抓住你的左臂，而你的左臂沒有了，那對手就抓不住，因此你就獲勝了。」小男孩聽後恍然大悟。

在這個世界上，每個人都以自己這個獨立的個體存在，你只能以自己的方式歌唱、以自己的方式繪畫。你是由你的經驗、你的環境、你的遺傳基因所造成。無論好壞，你只能耕耘自己的園地，只能在生命的樂章中奏出自己的音符。

當你瞭解自己，你就會揚長避短，不會用自己的短處去和別人的長處相撞擊，也不會為了本來就不可能成功的事發愁、怨恨自己，你會欣然的接納自己，因而擺脫了那無法接受、無法認可自己的痛苦。

成為你自己，除了要接納自己之外，還必須學會自己支配生活，逐漸離開過去的親人、師長、朋友等，對他們的依賴。（在我們的成長過程中，我們是需要與這些人交談，需要他們幫助。）

在人生旅途中，我們難免會有一些不足，但只要懂得揚長避短，一樣能夠獲得成功！

最大限度地運用自己的能力

不論在什麼領域裏，如果我們期望發揮自己的能力，發現幸福，那就必須願意去犧牲一些東西來換取才智的擴展。不論做什麼都要做得出色，做得漂亮，要透過全面不斷地使用來擴展我們的才智。更要時刻準備好，投身到更大的責任中，更寬廣的機會裏。

史蒂芬・霍金一九四二年一月八日出生於英國的牛津，這是一個特殊的日子，現代科學的奠基人伽利略正是逝世於三百年前的同一天。他年輕時就生患絕症，然而他堅持不懈，戰勝了病痛的折磨，成為了舉世矚目的科學家。

霍金在牛津大學畢業後即到劍橋大學讀研究生，這時他被診斷患了「盧伽雷病」，不久，就完全癱瘓了。一九八五年，霍金又因肺炎進行了切氣管手術，此後他完全不能說話，依靠安裝在輪椅上的一個小對話機和語言合成器與人進行交談，看書必須依賴一種翻書機器，讀書時需要請人將每一頁都攤在大桌上，然後他驅動輪椅如蠶吃桑葉般地逐頁閱讀。

但霍金不會因為小小的病痛的折磨而放棄了對學習的渴望，他正是在這種一般人難以置信的艱難中，最大限度地運用自己的能力，成為世界公認的引力物理科學巨人。

對於努力，奧格・曼狄諾曾有這樣一段慷慨激昂的講話：「我將以全部的精力投人工作，不僅要完成計畫中的任務，而且還要多做一些。如果我遭受苦難，正像我經常會有的命運，如果我懷疑我的努力，正像我常常想的那樣，那麼我仍要堅持工作。我要將整個身心傾注在工作之中，在困惑與苦難中，生活中最大的快樂即將到來。」

奧格・曼狄諾曾在書中說過這樣一個故事：「寶貝芭比」德里克森・紮哈里亞斯被譽為最偉大的曠世體育奇才。她不論是跑步、跳高、騎車，還是參加籃球、壘球、高爾夫球，簡直是樣樣精通。有人說，誰也擋不住她，她生來就是個運動員的料，是天生的冠軍。

可是現實告訴我們的，卻是這位「天生的冠軍」的另一個故事。德里克森・紮哈里亞斯開始學習高爾夫球時，請了一位非常出眾的教練來指導：她預習比賽，練習如何揮動球桿，把動作分解進行試驗，練習每一個分解動作，一直練到她認為自己徹底理解和掌握為止。德里克森・紮哈里亞斯來到發球區，一練就是十二個小時，一下午光擊球就達一千多顆。她揮桿，再揮、再揮，直到手腕酸痛，幾乎握不住球桿為止。握不住球桿了，就放下球桿，把手上纏滿膠布，然後再拿起球桿。正是用這種方法，使她能夠讓自己強有力的揮桿動作日臻完美。看上去好像德里克森・紮哈里亞斯是個「必然冠軍」。可是，任何領域裏的冠軍都需要準備、訓練和勤奮。後來德里克森・紮哈里亞斯又勇敢地和癌症做抗爭，同樣展現了無比的勇氣、毅力和信念，贏得了全國人民的敬仰。

要想最大限度地發揮自己的能力，那麼每個人都必須準備以勤奮去實現。

不要一味依靠過時的經驗

經驗是對事物規律性認識的總結。總結經驗，實際上就是從特殊現象中找到普遍性，從成功做法中發現規律性，從偶然聯繫中看出必然性。但在實際工作中，對經驗要作具體分析，仍管用的要繼續用，已過時的要摒棄。

對於經驗，奧格・曼狄諾認為：「說實在的，經驗確實能教給我們很多東西，只是這需要花費太長的時間。等到人們獲得智慧的時候，其價值已隨著時間的消逝而減少了。結果往往是這樣，經驗豐富了，人也餘生無多。經驗和時尚有關，適合某一時代的行為，並不意味著在今天仍然行得通。」

拿破崙在戰爭中，歷來提倡主動出擊，他信奉「進攻就是最好的防禦」。在當時的歐洲這是一種全新的軍事思想，事實證明在那個時代是十分有效的。在這一作戰思想的指導下，法國陸軍幾乎踏遍了整個歐洲，幾乎所有歐洲國家都被法國強大的軍事力量所征服。

第一次世界大戰以前，法國軍隊一直遵循拿破崙的「攻勢作戰」策略，但此時的世界已經進入機關槍稱王的時代，法國的「攻擊萬能論」受到了迎頭痛擊，損失慘重。於是，法國的作戰思想又一下子轉變為「防禦萬能」。

二戰開始後，法軍沒有看到現代攻擊戰術的進步，仍然固守以防禦為主的思想，把希望寄託在馬其諾防線上。而德國在軍隊大量使用飛機、坦克等裝備後，實施了前所未有的新戰術——「閃電戰」，繞過法國堅固的防線，僅僅兩週時間就滅亡了法國。

應該說，任何經驗教訓都是在特定的時間和場合下產生的。機械地遵循過去的經驗教訓，不能及時看到現實情況的變化，及時調整策略，過去的經驗教訓就會成為將自己套死的「枷鎖」。

但是，有的人不顧客觀形勢的發展變化，抱著過時的經驗不放，尤其是對那些曾經出過名、掛過號的經驗，更是難以割捨。有的不願付出艱辛工作，不努力深入調查、反覆研究、認真思考。不管是誰，一旦有了這些想法、看法或做法，肯定不可能總結出新的經驗。我們不僅要善於運用傳統經驗，而且要在不斷解決新的問題中探索新的對策，總結新的經驗，以指導新的實踐，解決新的問題。

總結新的經驗需要正確的指導思想和紮實的工作作風，抱殘守缺不行，畏首畏尾也不行，對過時的經驗做法要敢於否定，對全新的實踐要大膽探索，在「破」與「立」的過程中，總結新的經驗，摸索新的規律，解決新的矛盾。

你給世界微笑，世界也回贈你微笑

不少人覺得生活是枯燥的，日復一日。但是當你擦亮你的雙眼時，你會發現枯燥的生活中充滿了激情，只要你有一顆感恩的心。

生活其實是美好的！清晨，當你被鬧鐘吵醒，你應該感謝上帝讓新的一天生活誕生了；當你推開窗戶時，和煦的陽光掠過你的全身，你應該感謝太陽給了你無限的光明；當你面對枯燥的、沉重的學習、工作時，你應該坦然面對，感謝鍛鍊的機會來之不易；晚上，當你拖著疲憊的身軀回家時，你應該感謝生活，是它讓你的一天充實⋯⋯。

美好的生活無處不在，只要你願意用一顆感恩的心面對生活，你會發現生活中充滿了無窮無盡的激情，充滿了真、善、美；你的人生也不會因為厭煩枯燥的暗淡無光。相信自己，用感恩的心面對生活！

小鎮有兩名乞丐，聖誕節這天，兩人分別在鎮的兩端乞討，一位來到一個富麗堂皇的家庭，主人拿了一隻香噴噴的燒雞給他，離開時，乞丐嘴裏嘀咕著，如果能再有點葡萄酒該多好呀。而在鎮西頭的另一名乞丐卻沒有這麼幸運，只得到了半塊麵包，但他卻幸福地合掌祈禱，感謝主讓我能依靠這塊麵包而活下去。其實，人的樂觀與消沉不正如兩名乞丐對事物的態度；對待人和事，對待人生的際遇，有種人在陷入困境和挫折時，他會時常想到，在這個世界還有比自己更不幸的人，與別人的不幸相比，自己是幸福的，於是能懷著一顆感恩和愉快的心去面對生活。有一種人，總覺得命運對自己不公平，人家能擁有，為什麼自己不能，吃著碗裏的卻看著別人鍋裏的，不僅食之無趣、索然寡味，還常常被外界的紛擾困頓心志，鬱鬱寡歡。結果似乎整個世界都與他為敵，命運對他更為不公。

其實，這是個很簡單的道理，一個樂觀的人遇到不順和不平，能以平和的心態面對，無論什麼都能以包容和感恩的心看待。而這種態度卻恰恰隱藏著積極向上的人生態度，因而面對問題能甩掉包袱，於是你給世界微笑，世界也回贈你微笑。

那種面對問題和不幸，怨天尤人，只會抱怨的人，彷彿整個世界都欠他的，把不滿寫在臉上，正如得到燒雞的那位乞丐，非常幸運卻仍心存不滿。而那位因半塊麵包而幸福的祈禱的乞丐，因為人們願意看到寫在臉上的快樂而樂於幫助他。

懷著一顆感恩的心，去面對生活，生活也將回贈你驚喜和收穫。

珍惜時間就是珍惜生命

珍惜時間是人類一個永恆的話題，這可能緣於我們對生命的珍惜和對死亡的恐懼。同時，也由於時間既不能逆轉也不能儲存，是一種不能再生的、特殊的資源。我們應該記住：昨天是一張註銷的支票，明天是一張期票，今天是手上的現金。富蘭克林說：「惜墨如金，如果有什麼需要明天做的事，最好現在就開始。」

因此，只有今天是我們唯一能利用的時間。

「最大的浪費莫過於浪費時間了。」愛迪生常對助手說。「人生太短暫了，要多想辦法，用極少的時間辦更多的事情。」

一天，愛迪生在實驗室裏工作，他遞給助手一個沒上燈口的空玻璃燈泡，說：「你量量燈泡的容量。」他又低頭工作了。

過了好半天，他問：「容量多少？」他沒聽見回答，轉頭看見助手拿著尺在測量燈泡的周長、斜度，並拿了測得的數字伏在桌上計算。他說：「時間，時間，怎麼浪費那麼多的時間呢？」愛迪生走過來，拿起那個空燈泡，向裏面斟滿了水，交給助手，說：「裏面的水倒在量杯裏，馬上告訴我它的容量。」助手立刻讀出了數字。

愛迪生說：「這是多麼容易的測量方法啊，它又準確，又節省時間，你怎麼想不到呢？還去算，那豈不是白白地浪費時間嗎？」助手的臉紅了。

愛迪生喃喃地說：「人生太短暫了，太短暫了，要節省時間，多做事情啊！」

你最寶貴的就是你手中的時間，好好安排時間，不要浪費時間，因為浪費時間就等於浪費生命。時間可以毫不顧忌地被浪費，也可以有效地被利用。對時間的態度，這也是成功者和失敗者的分水嶺。

法拉第中年以後，為了節省時間，把整個身心都用在科學創造上，嚴格控制自己，拒絕參加一切與科學無關的活動，甚至辭去皇家學院主席的職務。七十六歲的愛因斯坦病倒了，有位老朋友問他想要什麼東西，他說，我只希望還有若干小時的時間，讓我把一些稿子整理好。再來看看幾度獲得諾貝爾獎的居禮夫人的故事吧。

居禮夫人結婚時只有兩把椅子，丈夫建議再添加幾把，以作為接待客人之用。而她卻這樣以為：有了椅子，客人坐下來就不走了，時間會白白地流逝，因此一把椅子也不添加。

多可貴的惜時精神！只有這樣的人生才能留給後人永遠也抹不去的痕跡！其實，時間是最公允的法官，留給我們每個人的生命是相通的。不同的是，有的人為自己的時光增加了砝碼，增加了厚度，從而使生命厚重；而有的人卻讓時間貶值，讓寶貴的時間在毫無意義的迎來送往中，極為可惜的流走。

你可能沒有比爾・蓋茲那般富有，但有一樣東西你和別人擁有的一樣多，那就是時間。時間對於每一個人來說，都是公平的，不論富人或窮人，男人或女人，聰明或不聰明的，擺在你面前的時間，每天都是二十四小時，總統和乞丐的生命都是同一單位。但是時間也有不公平的一面，那就是有人懂得珍惜，有人暴殄天物。對時間的揮霍是一種最大的浪費，人生沒有回頭的路可走，我們無法回過頭去找到我們曾經無意之中浪費掉的哪怕是一分鐘的光陰。

浪費掉的時間就永遠失去了，我們永遠無法追回，但是，如果學會有效的把握時間、追求效率，在適當的時間內做完應該做的事情，而不是雜亂無章，只做你剛好遇到的事情。計畫中的事情做得越多，效率也就越高，也就更能夠掌握時間。

沒有人真的沒有時間。每個人都有足夠的時間做必須做的事情，至少是最重要的事情。很多人看起來比你還要忙碌，卻能夠做更多的事情，他們不是有更多的時間，而是更善於利用時間。

生命是寶貴的，組成生命的基本材料是時間，那麼時間就貴如黃金了，這個道理顯而易見。如果誰把這個顯而易見的道理活用了，誰就能使自己的生命得以延長。

鑰匙五：

巴比倫富翁的理財課—喬治・克拉森

在當今社會，經常會有人提到如何理財，
可以看出，很多人都有很好的理財意識。
那什麼是理財呢？
理財即是指管理好自己的資金使其保值、增值，
從而滿足個人更多的消費需求，這是從收入的角度來講。
從另一個方面消費的角度來講，
理財就是用一定數量的金錢獲得自身更大需求的滿足，
即是指在消費實現的過程中節省下來的錢，就相當於是你賺來的錢。
當今社會，「高薪」不等於「致富」的財富法則，
以穩定的現金流保障個人和家庭的生活，
從容面對個人財務的潮漲潮落才是當今的理財之道。

讓自己做個自由人

在當今社會，經濟環境不好，生活壓力較大，很多人為了讓自己過得舒服一些，就辦了信用卡，還有些人由於生活所迫，會向親戚朋友借錢，其最初目的是緩解當時危急的狀況，可是時間長了很可能會讓債務纏身，使得很長一段時間都在還債，甚至是一生還債，比如貸款買房。那麼怎麼才能讓人很快擺脫債務，成為一個自由人呢？

喬治・克拉森在《巴比倫富翁的理財課》中說：「假如一個人內心裏面藏有做奴隸的靈魂，無論他出身如何，他終將淪為奴隸；假如一個人內心裏面具有自由人的靈魂，則無論他再怎麼不幸，他仍然能獲得榮譽並受人尊敬。你的債務將是你最大的敵人，你若迴避或放任它們，它們就會日益強大，不僅會逼迫你離鄉背井，而且還會讓你失去曾經擁有的傲氣與尊嚴。」

他還講述了一個古代巴比倫人──達巴希爾如何還清債務，並且讓生活過得富足，最終成為一個大富翁的過程。

達巴希爾從敘利亞逃脫，回到巴比倫，決心要償還自己所有的債務，成為一個富有的人。他在好友馬松的忠告之下，制定了一套嚴整的計畫。第一項計畫旨在供應未來的富足，因此他任何收入的十分之一都必須儲存起來，以便有備無患。第二項計畫旨在能使達巴希爾供養妻子和家人的衣食，因此，他全部收入中的十分之七將用來養家，這樣既能讓家人衣食無憂，同時又有些餘錢用作額外的開銷，以免遭受缺乏樂趣和享受的生活，但是為了達到他的目標，家人全部花費最大限度不能超過收入的十分之七，這樣才能促使他的計畫真正成功。第三項計畫旨在使他能用部分收入償清所有的債務，因此每次到了月圓時分，他收入的十分之二必須分成若干份用於償還給那些債主們。達巴希爾嚴格按照計畫執行，加上他辛勤工作，他終於在一年之後還清了所有的債務，並且有了一定的積蓄，他周圍的朋友都對他另眼相看了。

根據這個故事中的計畫，下面提出一些還債的建議：

1、嚴格控制額外消費，從記帳開始，每筆大額消費都記帳，每月分析看那些項目屬於不必要支出，往後的日子要控制這些不必要的開支。

2、基金定存，根據每月的薪資發放時間，強制定存基金，不追求高收益，前期以養成良好的理財習慣為目標，定存金額為基本生活費用後的差額。至少每月一千元，透過銀行自動扣款，強制自己儲蓄投資。該筆資金不要輕易使用。

3、信用卡還貸，建議分期還款，把信用卡欠款及早還上，然後註銷信用卡或者暫時封存，信用卡雖然方便，但是也刺激人提前消費，超額消費，對於無理財計畫的人而言，信用卡起不到理財的效果，而是增加負債。在養成良好的理財習慣之前，不要輕易透支消費。

其實，要想還清債務，使自己富足最基本的就是要提高收入，減少支出。當你提高收入，或者減少支出以後，你會發現自己月底的結餘增加了。這筆款項是你擺脫債務的基礎，並不是讓你花了它，而是應該讓它為你的未來打下基礎。

你可以利用這筆金錢還清所有高利息的債務，例如信用卡。任何利息率超過九％的債務都要儘快地還清。瞄準利率最高的款項，用餘錢以兩到三倍的速度還清款項。按照從高到低的順序，依次還清債務。

放縱自己終結苦果

理財最基本的守則就是把消費壓制在你的收入以下。在我們所讀的或曾經聽說過的所有理財書裏面，這一點被反覆強調。為什麼？因為它確實是一個真理。

喬治・克拉森在《巴比倫富翁的理財課》中寫說：「放縱自己，經常花錢入不敷出的人，往往內心充滿了怯懦，也終將種下苦果，最後必然遭到報應，陷溺於困境和羞辱的結局。」

當今社會，一些上班族已經成為名副其實的「負翁」。他們在節日期間大肆購物，放縱自己，瘋狂消費，然後把負債變成節後努力工作的動力。而現在，各大銀行也在一定程度上引誘著「刷卡族」消費，成為「負翁」。

調查表明，現在年輕人的消費觀念越來越超前，膽子也越來越大，有五七％的人表示「敢用明天的錢」，四八％的人不為自己成為「負翁」擔憂。亞當・斯密說：「年輕人對於自己和未來的估計總是過於樂觀。」因此，年輕人更容易產生負債消費的動機。但是，提前消費為一個市場的經濟行為和消費方式，要因人而異，量力而行，絕對不能不顧及自己的承受能力而追求時尚和格調，一味地放縱自己。現在，一些都市「負翁」既不顧眼前的消費能力，也不考慮日後的償債能力，一味攀比及享受，生怕被別人看不起，這樣不計後果的行為是很危險的。

「今天花明天的錢」本身就是一種資源的透支，而且明天的資源也是有限的，透支適度也許可以讓我們享受提前消費的好處，但透支過度，卻會使你丟掉信譽，甚至不堪重負，從此難享人生的歡樂。

對很多人來說，節儉就是便宜的代名詞。他們認為，購買特價的東西，結帳的時候用折價券，開著掉漆的車子，諸如此類，人們鐵定看不起你。

但是在生活中我們常常發現，那些人們「看不起」的人，往往在銀行有自己的金庫（不一定如此，但是人數絕對超乎你的想像）。他們沒有抵押貸款，也不用為信用卡裏的債款而煩惱。他們不用在放假的時候拚命工作，更不用擔心過勞死，他們活得隨心所欲。

因此，年輕人消費應量力而出，充分考慮後果，不要一味放縱自己，最終為其所累。

把錢花在刀口上

現在的年輕人，花錢沒有計畫，大手大腳，經常是剛發了薪水就大把地花，到了月底就會很拮据，還有的人根本不去想自己的收入是多少，也根本不去想什麼收支要平衡，只顧花錢享樂，到最後欠了一身債。每個人都應該量入為出，按照自己的收入過日子。

如果一個人對自己的消費缺乏長遠考慮，並且只顧自己的享樂，絲毫不為別人的利益著想，那麼等到他發現錢的真正用途時，那就已經太遲了。這些揮霍浪費的人雖然天性大方，但是最後還是被迫去做一些骯髒醜陋的事情。他們貪圖一時的安逸享樂，花天酒地，揮霍無度，不得不提前去支取存款，提前領取薪水，拆東牆補西牆，寅吃卯糧，結果必然是債台高築，不得翻身，嚴重影響自己的行動自由和人格獨立。因此，我們要懂得把錢花在正當的地方，要讓買到的東西物有所值，不能隨意浪費。

我們在花錢的時候要讓每一塊錢都發揮作用，每次要消費的時候，多想一會。你要考慮，你所支付的錢是否值得，是的話，那就付錢吧。節源的關鍵在於讓每一分錢都派上用場。當你需要購買商品的時候，可能你並不真的需要它，或者你不確定這是否合算。那就根據你的實際使用情況做出判斷，別買了，或者換一個便宜點的，貨比三家很必要。

省一塊錢要比賺一塊錢容易多了，把日常開銷節約一〇％，生活其實沒有任何改變。算計著過日子，不是一分錢掰兩半地花，那不適應當下的生活狀態。

如今，消費領域越來越寬，每個月都會有各種銷費花樣翻新地考驗大家的「荷包」。與開源相比，節流容易得多，你無需失去與家人朋友相處的時間，也並非提倡我們把自己的目標放低，實際上剛好相反，其實是希望我們把對生活的要求，再提高一點。

我們需要的只是一些小小的技巧，把時間和金錢用在那些真正想要，並且物有所值的東西上，而不要浪費在沒用的地方。一旦我們做到了這一點，就會發現：節儉，其實是件快樂的事情。還可以用一些錢來建立應急基金。你要保證有一筆錢放置在戶頭上，以此來應對某些突發狀況，如失業、疾病、車禍等等。我建議你準備的應急基金金額以月生活費用為標準，你可以為每位家庭成員預留一個半月的供養費。

從現在開始，改變完全沒有計畫的日子，好好地「算計」一下自己吧！把錢花在應該花的地方，減少不必要的支出。你會發現，不僅荷包的「銀子」節省下來，少了入不敷出的尷尬，更重要的是，你的生活還是一如既往地有滋有味。

要謹慎而明智地出借金錢

現在大多數年輕人總是充滿雄心壯志，想要擁有自己的一片天地，於是想到了自己去創業。為了湊齊資金，年輕人經常盲目而愚蠢地向他人借錢。遇到有人向你借錢，你該怎麼辦呢？

喬治・克拉森在《巴比倫富翁的理財課》中說：「最好不要把金錢隨意借給你的朋友，因為那樣的結果，往往會使你既可能丟掉了金錢，又可能喪失了朋友。」同時他還講述了古巴比倫人明智地出借金錢的故事，並且告訴我們：「可以借錢的三種人：擁有的財富超過其所借款項的人；擁有持續而穩定收入的人；有抵押品或可靠擔保的人。當然，他們都應該是自愛自重、值得信賴的人。絕不可借錢的三種人：陷入苦悶、麻煩不斷的人；欠缺知識、經驗和能力的人；債台高築無力償還的人。總之，所有那些放縱自己、不講信用的人。」

一頭公牛在向一頭驢子哀嘆自己的命運：「驢子啊，你是我的好朋友。我從早到晚都要辛苦地拉犁耕田，而你倒是生來悠閒，你每天披著五顏六色的毯子，什麼事也不用做，只要載著主人到他想去的地方就可以了。如果主人今天不想出去，你就可以休息一整天，舒舒服服地享用青草。」

這頭驢子儘管不完全同意公牛的這種說法，但牠仍然非常同情公牛的境遇，而且牠一直都認為自己是公牛的好朋友，於是牠告訴公牛一個偷懶的辦法—裝病。

於是公牛採納了驢子的建議，第二天僕人向主人回報說，那頭公牛生病了，無法拉犁耕田。主人就說：「那麼，就牽那頭驢子去拉犁耕田吧，因為犁田的工作絕不能停下來。」

只顧著幫助朋友的驢子這才發現，牠自己將被迫一整天都得替公牛做分內的事情，而所有的驢子幾乎都無法勝任犁田的工作。驢子筋疲力盡，直到晚上才被送回來。

到了晚上，還是公牛先開口，說：「驢子啊，你真是我的好朋友。因為你聰明的辦法使我休息了一整天，而且還享受了上好的青草。」

驢子則忿忿不平地嚷道：「而我卻像其他天真單純的人一樣，幫助了朋友，卻反而害得自己替朋友勞碌工作。從今以後，還是你自己去犁你的田吧，因為我聽主人告訴僕人說，假如你再生病的話，就要把你賣給屠夫。我但願主人能把你賣掉，因為你真是一頭懶惰的牛。」

此後，這兩隻動物再也沒有彼此說過一句話，這件事不僅使牠們做不成朋友，而且還斷絕了所有的交往。

可以看出，對於該不該把錢借出，不能一概而論，因為誰沒有在金錢上遇到困難需要幫助的時候呢？

在遇到有人借錢的時候，首先要考慮一下借錢的多少，就像喬治・克拉森說的：「絕不能把你朋友的負擔轉嫁到自己身上，因此變成了自己的負擔」，如果朋友向你借錢的數目太大，如果朋友不能按期歸還將會嚴重影響你的生活，此時千萬不要借給他那麼多。借出去的錢最好是即使人家還不了，也要對你的生活毫無影響。

量入為出，控制好自己的開銷

薩迪曾說：「誰在平日縮食節衣，在窮困時就容易度過難關；誰在富足時豪華奢侈，在窮困時就會死於饑寒。」

喬治・克拉森在《巴比倫富翁的理財課》中寫說：「無論如何，永遠都需要量入為出，約束自己的花費，堅持所有開銷不能超過收入十分之七的原則，即便是還清了債務之後。」

大多數的人都有這樣的習慣，早上的時候喝杯拿鐵，吃個甜甜圈；一天喝六罐飲料；中午的時候在同一家餐廳吃飯。這一天下來可是不少錢呢！一週多花五十塊錢，一年就是一萬多塊。抽點時間審視一下自己，看看自己的習慣，捫心自問一下，那些需要花錢的玩意是不是必須的？或者可以用別的東西取代？

微軟創辦人比爾・蓋茲說：「花錢如炒菜一樣，要恰到好處。鹽少了，菜就會淡而無味，鹽多了，苦鹹難嚥。」

蓋茲沒有自己的私人司機，公務出差不坐飛機頭等艙卻坐經濟艙，衣著也不講究什麼名牌，他對打折商品感興趣，不願為泊車多花幾美元。而就在前不久，蓋茲宣布將自己的全部收入捐獻給了以他和妻子命名的慈善基金會。

英國女王伊麗莎白二世經常說的一句英國諺語是：「節約便士，英鎊自來」，每天深夜她都親自熄滅白金漢宮小廳堂和走廊的燈，她堅持皇家用的牙膏要擠到一點不剩。

號稱「車到山前必有路，有路必有豐田車」的日本豐田公司，在成本管理上從一點一滴做起，勞工手套破了要一隻一隻換，辦公紙用了正面還要用反面，廁所的水箱裏放一塊磚用來節約水。一個貴為一國之尊、一個是世界著名的跨國公司，節約意識實在令人讚嘆。

財富並不是指你能賺多少錢，而是你賺的錢能夠讓你過得多好。財富指的是你生活品質的程度，而非你賺錢的多寡。要體會富有的滋味，並不需要靠著上億的錢財，而是去過你真正想過的生活！

因此，如果你要擁有財富，第一件事得先學會如何依自己的意思去生活，也就是如何控制你的開銷。賺五百塊，花四百塊，會帶給你滿足；如果賺五百塊，卻花了六百塊，那生活就悲慘了。也就是說，當你的開銷大於收入的時候，就表示你將會有麻煩。無論如何，從省下一〇%的收入開始做起。不管你賺多少錢，把開銷控制在九〇%之內，長此以往，你也會變成一個富有的人。

使你的財富繁衍增值

當你有了一定的積蓄之後，首先要守住自己的財富，然後就要讓它增值，為你帶來更多的財富。喬治・克拉森在《巴比倫富翁的理財課》中寫說：「如果你擁有一筆不算少的錢財，請遵循下列兩條原則：第一是保證它們安全無虞；第二是盡量使它們增值。如果第二條沒有把握做到，就請回到第一條。」

要想讓自己的財富增值，首先要捨得必要的支出。俗話說：「捨得捨得，多捨多得，少捨少得，不捨不得。」這句話有一定的道理，但是同時也要記住：控制不必要的支出。

德雷克・柯漢是一位普通的裝修承包商，主要負責地下室和廁所的裝修。

有一次，一對年輕夫婦請德雷克裝修新家，並約定完工之後，過十天再付款。

十天過去了，德雷克不見對方付款；二十天過去了，仍不見付款；一個月過去了，還是不見付款。德雷克鼓足勇氣，撥通年輕夫婦的電話。德雷克以溫和的語氣提醒對方，付款時間已經過了很久。年輕的女主人抱歉地說，自己生活困窘，但是這筆裝修費已經準備好，如果方便的話，讓德雷克過去取。

途中，德雷克決定為年輕夫婦帶去一份禮物，他買了一瓶好酒，價錢為二十美元，又買了一張卡片，花了五美元。他在卡片上寫道：「多謝您的關照，希望您對我的工作感到滿意，如果您的朋友需要裝修服務，我非常願意效勞。」然後，卡片上有他的名字和聯絡方式。

那對年輕夫婦由「逾期付款的困窘」轉為「歡欣喜悅」。不久，他們給德雷克介紹更多的工作。

由於口耳相傳，德雷克從這對年輕夫婦的交際圈裏，接到十萬美元的生意。他付出二十五美元，得到四千倍的收益。

向富翁請教理財之道

每個有理財意識的人都希望自己精通理財之道，都希望自己的財富越來越多，可是很多人卻不知道該從何做起。這個時候不如學習一下富翁的理財之道。

喬治・克拉森在《巴比倫富翁的理財課》中講述了這樣一個故事：

薩貢王問巴比倫城最懂得理財和致富之道的人阿卡德：「你是怎麼變得如此富有的？」年近七十的阿卡德回答說：「利用機會！這些機會其實巴比倫城所有的百姓都能遇得到。」

「你沒有憑藉什麼基礎開始致富嗎？」薩貢王問道。

「僅僅憑藉巨大而堅毅渴望財富之心，除此之外別無所依。」阿卡德陳述道。

薩貢王希望巴比倫城成為世界最富有的地方，因此他請阿卡德為城中的百姓講述理財致富的秘訣。兩個星期之後，遵照國王旨意獲選為研習生的一百人，聚集在講學殿，圍坐成半圓形的課堂。阿卡德坐在小桌旁，桌上擺放的一盞小聖燈不時飄散出奇妙而怡人的香氣。

阿卡德向學員講述自己的理財之道：「我的第一個家當，只是一個破爛不堪的錢囊。我憎惡這個錢囊空無一物，我渴望它能夠飽滿鼓脹，裏面常常有叮噹作響的金子相互碰撞。因此我不辭辛苦地遍尋那些能夠讓錢囊鼓脹起的良策妙計，終於，我發現了治癒貧窮的七大妙方。」

阿卡德發現的七大妙方是：

第一大妙方：每賺進十個錢幣，至多只花掉九個，首先讓你的錢包鼓脹起來。

第二大妙方：控制你自己的開銷，堅守正在鼓脹起來的錢包，為確定有必要的開銷制定精確的預算。

第三大妙方：使你的錢幣繁衍增值，讓每一個錢幣都能為你效力，並輾轉生息，讓財富之泉源源不斷流向你的錢包。

第四大妙方：嚴守你的財富免遭任何損失，向智慧和內行人尋求忠告，只做安全和獲利性的投資。

第五大妙方：真正擁有屬於自己的住宅，並使它成為獲利性的投資，提高生活品質並增強你的自信。

第六大妙方：未雨綢繆，為你年邁力衰時的生活和家人預先做好準備，做出規劃以確保將來的收入。

第七大妙方：不斷培養和增進自身的賺錢能力，努力成為一名富有智慧、多才多藝和自愛自重的人。

很多人學習了阿卡德的致富之道，便開始行動起來，慢慢的也成為了富有的人，從而使得巴比倫成為了一個富有的地方。當我們想擺脫困窘的生活，卻無能為力的時候；當我們想要學習理財，卻不知如何入手的時候；當我們想要擁有更多的財富，卻不知道怎麼樣的時候……我們不如學習一下富翁的理財之道。學習別人的經驗是一條快速到達目的地的捷徑！

結交專業理財人

俗話說：「你不理財，財不理你」，但理財不是簡單的整理物品，而是要對家庭財產進行打理，使家庭的整體利益達到最大化。由於理財的複雜性和重要性，結交一些專業的理財人，瞭解理財之道是必須的。

普通百姓不具備專業理財規劃方面的知識和能力，而在複雜多變的金融市場中，投資時刻面臨著風險，因此應向專門機構和人員尋求幫助，由專業理財人員透過明確客戶的理財目標，分析客戶的生活、財務現狀，從而幫助客戶制定出可行的理財方案。

理財專家建議：打理家庭財產，首先需要記帳。記帳是理財的基石，透過記帳可以摸清自己家庭的資產負債情況，摸清了情況才能結合實際進行更好的財務安排。

理財專家認為，家庭理財需要做整體規劃，使家庭成員人人受益。理財規劃，是指專業人員運用科學方法和特定程序為客戶制定切合實際、具有可操作性的，包括現金規劃、消費支出規劃、教育規劃、風險管理與保險規劃、稅收規劃、投資規劃、退休養老規劃、財產分配與傳承規劃等某方面或者綜合性的方案，使客戶在不斷提高生活品質的同時，即使到年老體弱以及收入銳減的時候，也能保持自己所設定的生活水準，最終達到終生的財務安全、自主、自由和自在的過程。

理財專家認為，想做好理財規劃，人們首先應該掌握其「八要素」：必要的流動資產、合理的消費支出、實現教育期望、完備的風險保障、合理的納稅安排、累積財富、安享晚年、合理的財產分配與傳承。另外一些理財專家還給人們提出了學會理財之道的六個步驟：

一、下定決心開始「自己」理財

很多人認為「理財」等於「不花錢」，進而聯想到理財會降低花錢的樂趣與生活品質。其實事實並非如此，而且成功的理財還能為你創造更多的財富。理財並不是一件困難的事情，困難的是自己無法下定決心理財。只有你自己先下定決心「自己」理財，才算是邁開了成功理財的第一步。

二、財務獨立

下定決心之後要做的就是將你自身的財務獨立起來，即排除惡性負債，控制良性負債，理性地投資。

三、學習理財投資

美國麻省理工學院經濟學家萊斯特・梭羅說：「懂得用知識的人最富有。」能否運用知識及掌握技術，是二十一世紀貧富差距的關鍵。因此，不論理財要不要交給專家，建議你多少都要有理財方面的專業知識，因為這些專業知識能使你避免一些理財方面的陷阱，以免辛辛苦苦存下來投資的錢化為泡沫。

四、設定個人財務目標及實行計畫

理財目標最好是以數字衡量，並且需要一點努力才能達到。因此，建議第一個目標最好不要訂得太難實現，所需達到的時間在二、三年之內左右最好。當達到第一個目標後，就可訂下難度高一點、花費時間約三、五年的第二個目標。

五、養成良好的習慣

通常剛下定決心理財的人，往往憑著一股滿腔的熱情，期待理財能馬上立竿見影、立即改善個人財務結構。但他們卻常常忽略了一點：初期理財的績效，是不容易有顯著的表現。於是在一段期間後，對理財失望的情緒就澆息了當初的熱情，並產生認知上的差距，所以原來設定的理財目標就硬生生地被放棄，也放棄了個人成功的機會。因此要學會理財之道，一定要養成良好的習慣，不能半途而廢。

六、定期檢視成果

個人理財投資計畫完成時所做的得失檢討結果，也是另一階段理財投資規劃所需要參考的重要資料，因此要定期做檢查。

結交專業的理財人員，不僅可以幫助你把錢用到正確的地方，以最快的速度，最大的利潤來獲得更多的錢，還可以讓你養成良好的理財習慣，學會理財的知識，使你終生受益。

確保你將來的收入

隨著光陰的流逝，每個人都會有青春不再的時候，當我們老了的時候，我們如何生活呢？相信「養兒防老」這句話大家都聽過。時代在發展，很多生活方式在悄然改變，為了讓每個人的晚年生活更有保障、更有質量，養兒防老應轉為理財養老。

喬治・克拉森在《巴比倫富翁的理財課》中提到這樣一段話：「因為懂得理財之道而累積財富的人，就更應該為將來著想。他應該為某些投資計畫或用途做出良好的安排，以確保往後多年的經濟供應安全無虞。等一旦老了，他就能動用這筆他早有預備的錢財。」

他還在講述的故事中提到：一個人用來確保將來生活無憂的方法可能有許多。他可以找一個秘密的地方，暗自把積存的錢財埋藏在地裏。但是無論他用多麼高明的方式埋藏這些財富，可能最終都將被盜賊挖走。他也可以購買幾棟房屋或一些土地準備養老，假如選對了將來有投資價值的房地產，它們都將永久保有其價值和利益，或者能夠賣到好的價錢，用來養老當然綽綽有餘。他也可以不斷把小額的金錢投存到錢莊，並且定期增加投放的數額。錢莊老闆加給他的利息，將使這筆錢的本利之和大大增加。不難看出，即使這樣持續的小額定期存款，只要假以時日，就必定能夠獲得相當豐厚的報償，要知道，任何人無論他現在的生意和投資有多麼興隆，都經不起老來無依無靠，家人衣食無著的窘境。

理財養老涉及的金額比較龐大，絕不是一朝一夕的事情，它需要細水長流。籌措同樣金額的金錢，用二十年和十年，兩者的差別會很大，再加上養老的費用是固定的，除非願意降低生活品質，因此一定要有長遠規劃。

提高你賺錢的能力

在實際生活中，賺錢的能力比賺錢更重要。如果一個人能不斷提高賺錢的能力，那麼他的財富會成倍的增長，而如果只是知道賺錢，那麼他的財富只能緩慢的增長。

喬治・克拉森在《巴比倫富翁的理財課》中寫道：「想成為有錢人，首先要有賺錢的願望。這願望務必非常強烈而且明確。」在財富的累積過程中，不要嫌錢少，先從小數目開始，逐漸賺得多一些，總有一天能賺得更多。

怎麼才能賺到更多的錢？很多人都同意世界上不存在通用的發財辦法，這沒錯。有些人是天生的企業家，這很明顯；有些人則具有無窮盡的創造力，世界上總是有那麼一大堆事情等著他們去做。但是如果進行仔細觀察和分析，可以發現，世界上還是存在一些提高賺錢能力的辦法。

一、接受教育

這並不意味著回到學校繼續學習，而是要保持吸收新知識的熱情。透過多讀一些書或者參加一些培訓，來擴充自己的知識面，提高自己的技能，會使你在工作中更勝別人一籌。

二、讓收入管道多元化

保持高漲的熱情用於尋找投資管道。讓收入管道多元化意味著，即使你丟了工作，那這對你的影響也會相對減少，也意味著你的收入在不斷增多。

三、開始做點小生意

把每天晚上在心中縈繞的種種創業想法付諸行動。小生意的投資機會比比皆是，它帶來的收入可以補貼家用，甚至有可能變成你的主要資金來源。如果能由小做大，將來會給你帶來更多的收益。

四、保持良好的人際關係

在當今社會，沒有良好的人際關係是不可能做成大事的。因此，要保持良好的人際關係，要做到溫和有禮，學會寬容，這樣才能受到別人的尊敬，同時也會有很多人圍繞在你的身邊，這樣你做起事來也會容易很多，而且必要的時候，他們會伸出援助之手。

五、保持聯絡

當你認識了新朋友，不要讓關係就這麼慢慢冷卻，而是花點時間經營你們的關係。隔段時間就打個電話，或者發個郵件，就當是日常的問候好了。當他們遇到麻煩，而你又力所能及的時候，請伸個手。俗話說：「多一個朋友多一條路。」當你幫助了新的朋友，他會把你銘記在心，當你需要幫助的時候他也會幫助你度過難關。

除了上述途徑，還可以學習瞭解一些理財產品，學習一些有關證券市場的知識，以增強收入的多元化。

鑰匙六：

自己拯救自己—塞繆爾·史邁爾斯

行家說：命是命，運是運。

「命」和「運」是兩個不同的東西，合在一起構成「命運」。

有些人相信人的一生任由「命運」操控。

有的人命好運不好，有的人運好命不好，也有都好和都壞的。

命運到底是否可以由人來掌握呢？

難道命運不是掌握在自己的手裏的嗎？

為什麼當有什麼事發生的時候，人們都認為這是他們的「命」？

自己的人生，應該自己去創造，包括命運。

人生是一條沒有盡頭的路，不要留戀已逝去的夢，

把命運掌握在自己手中，在人生的旅途中，就會充滿希望和成功！

自己才是「救世主」

誰遊戲人生，誰就一事無成；誰不主宰自己，永遠是一個奴隸——歌德。

塞繆爾・史邁爾斯在《自己拯救自己》一書中寫說：「人類性格受到各式各樣潛移默化的影響，榜樣和觀念的影響；生活和文學的影響；朋友和鄰居的影響；我們所生活的世界受先人精神的影響，我們受教了他們的教誨和品行。儘管我們承認這些影響，但我們也必須清楚，一個人的發展主要靠自己，無論他人的幫助有多大，自己還是自己最好的救星。」

遇到困境總是環顧左右，希望別人幫助的人，可能會較快地逃離暫時的不幸，但人生還有無數的困境仍在不遠的前方等待著，他們一旦失去外界的援助，大多會在困境中不能自拔，甚至自甘墮落。而人生是一個漫長的路程，注定要靠我們自己一步步的走過去，沒有誰能做你永遠的「救世主」，即使是我們最親近的父母。

有這樣一則寓言故事，講的是一隻鷹飛向長空時，一支箭「嗖」的一聲超過了牠。可是好景不長，箭飛了一陣子徑向下栽去，跌落到了地面上，它不解的問鷹：「我為什麼不能像你那樣在天空飛得自由、長久呢？」鷹答道：「原因很簡單，你靠的是別人一時的支持，我靠的是自己的力量！」

小澤征爾是世界著名的交響樂指揮家，在一次世界優秀指揮家大賽的決賽中，他按照評委會給的樂譜指揮演奏，敏銳地發現了不和諧的聲音。起初，他以為是樂隊演奏出了錯誤，就停下來重新演奏，但還是不對，他覺得是樂譜有問題。這時，在場的作曲家和評委會的權威人士堅持說樂譜絕對沒有問題，是他自己弄錯。他思考再三，最後斬釘截鐵地大聲說：「不！一定是樂譜錯了！」話音剛落，評委席上的評委們立即站起來，報以熱烈的掌聲，祝賀他大賽奪冠。

原來，這是評委們精心設計的「圈套」，以此來檢驗指揮家在發現樂譜錯誤並遭到權威人士「否定」的情況下，能否堅持自己的正確主張。前兩位參加決賽的指揮家雖然也發現了錯誤，但終因附和權威們的意見而被淘汰。小澤征爾卻因充滿自信而摘取了世界指揮家大賽的桂冠。

小布希年輕時曾經去賣過石油，也去給別人打過工。要知道，他們家族擁有大片的農場，資金雄厚，他大可不必那麼辛苦地賺錢餬口。那為什麼他要這麼做呢？因為他清楚，只有靠自己，得來的一切才是屬於自己，他只有這樣才能磨練自己，從真正意義上生存並發展下去。之後他步入政壇，競選為美國總統，也與他年輕時凡事靠自己的良好習慣分不開。

每個人生命的起點不一樣，際遇不一樣，機會也不一樣。好心人伸出援助之手可能會幫你一時，可是在人生的旅途中，我們能夠邂逅那麼多好心人嗎？苦難中，我們唯有自救，只有奮勇向上，才是強者的風範；只有自強不息，才是勇士的姿態。我們不能依靠別人，只能依靠自己。

扼住命運的咽喉

「扼住命運的咽喉」—這是音樂大師貝多芬的一句名言。

貝多芬三十二歲時曾發出這樣的吼聲：「我要扼住命運的咽喉！它絕不能使我屈服！」那正是他耳疾日益嚴重的時候。那時，他的許多重要作品還未問世。音樂家耳聾如同畫家失去眼睛，這是何等的痛苦！然而，悲劇性的命運從未擊垮這位巨人。在疾病纏身、愛情和婚姻都遭遇失敗的一生中，貝多芬已為人類樹立了一座座音樂豐碑。除了創作眾多音樂的傳世佳作外，他還留下了九部讓世界各大交響樂團和指揮家們爭相演奏的、愛樂者們，奉為音樂經典的不朽交響曲。因此，羅曼・羅蘭曾說：「一個不幸的人，貧窮、殘廢、孤獨，由痛苦造成的人，世界不給他歡樂，他卻創造了歡樂來給予世界。」

盲畫家阿馬甘生活在土耳其首都安卡拉市，雖然他一輩子都生活在黑暗的世界中，但他卻能夠畫出栩栩如生的畫。阿馬甘曾經畫過土耳其前第一夫人和土耳其總理的肖像，阿馬甘靠自己發明了一套獨特的繪畫技巧，之前並沒有人教過他該如何畫畫。當阿馬甘畫畫時，他的一隻手握著鉛筆，而另一隻手則在畫布上跟著鉛筆繪畫過的線條，第二隻手就好像是他的「代理眼睛」一樣。阿馬甘每次畫畫時，都需要絕對的寧靜氣氛，需要讓自己完全沉浸和融入到圖畫中，阿馬甘就是這樣憑著驚人的毅力和技巧畫出了那麼多傑出的作品。他的藝術畫已在土耳其、美國、中國、荷蘭、捷克等國家，舉辦過至少二十次的畫展，阿馬甘被美國《探索頻道》稱作是：「真正的超人」。

其他與命運抗爭的人還有：居禮夫人在遭受丈夫去世的巨大悲痛之後，勤奮工作與不幸搏鬥，終於發現了一種新元素——鐳；高爾基與命運抗爭寫出光照千秋的《童年》、《在人間》、《我的大學》等文學名著。如果沒有這些勇於與命運抗爭的英雄，就沒有科學的進步，各民族文化的交流和融合。

每一個生命的強者，都是矗立在我們面前的豐碑；每一個生命的強者，都在歷史的深處無言地啟示著我們：面對人生的不幸和苦難，唯有「扼住命運的咽喉」，不輕言放棄，奮起抗爭，勇於拚搏，才能創造人生的奇蹟、重鑄生命的輝煌！

人生之路坎坷不平，人生命運變化莫測，人生之旅酸甜苦辣。每個人都希望自己的道路是一帆風順的，但現實生活未必盡如人意。面對逆境、人生低谷時，是逃避還是面對，是屈服還是奮起？這就要看我們每個人的人生態度。掌握命運與被命運掌握其實只是在人的一念之間，你能克制自己對自己盡職盡責，便是掌握了自己的命運；反之，則是被命運掌握。世人往往被命運掌握，那是因為許多人都在自卑、自棄中，不對自己負責。因此「扼住命運的咽喉」是改變人生的一劑良藥。

天助自助者

塞繆爾・史邁爾斯在《自己拯救自己》一書中寫說：「自助精神是個人發展進步的源泉，也是國家興旺發達的根本。」外在的支持經常顯得軟弱無力，而內在的支持才是生命真正的動力。

自助者天助之。為人，一生下來，先天就提供給你一個或優或劣的起步環境。客觀地說，這是沒有辦法的事。但是，不論境況如何艱苦，地位如何低下，生存如何困難也不能放棄，而且不可喪失對生活的信念。

「自助」是一種生活態度，一種堅強勇敢，樂觀向上的態度。擁有這種態度的人，一定會充滿堅定的生活信念，去改善自己任何所處的不利局面。

拿破崙年輕的時候，一次到郊外打獵，突然聽見有人喊救命，他快步走到河邊一看，見一男子正在水中掙扎。這河水並不寬，拿破崙端起獵槍，對準落水者，大聲喊道：「你若不自己游上來，我就把你打死在水裏！」那人見求救無用，反而添加了一層危險，便只好奮力自救，終於游上岸來。拿破崙拿槍逼迫落水者自救，是想告訴他，自己的生命應該由自己負責的。

美國革命時期的民主主義思想家，傑出的政治家，卓越的科學家，班傑明・富蘭克林他是美國十八世紀僅次於華盛頓之後的最著名人物。一七二三年，富蘭克林十七歲，他因與兄長的不合而離開家庭，獨自來到費城謀生。在這裡，他從印刷工人開始，一直到擁有自己的印刷工廠，自己辦報紙，走過了一段艱辛的謀生之路，最後獲得人們的認可，成為德高望重的傑出科學家、思想家和政治家。

福特剛從大學畢業，他到一家汽車公司應徵，而一同應徵的幾個人學歷都比他高，在其他人面試時，福特內心感到沒有希望了。當他敲門走進董事長辦公室時，發現門口地上有一張紙，很自然的彎起腰把它撿了起來，看了看，原來是一張廢紙，就順手把它扔進了垃圾筒。董事長對這一切都看在眼裏。福特剛說了一句話：「我是來應徵的福特」。董事長就發出了邀請：「很好，很好，福特先生，你已經被我們錄用了。」這個讓福特感到驚訝的決定，實際上源於他那個不經意的動作。從此以後，福特開始了他的輝煌之路，直到把公司改名，讓福特汽車聞名全世界。

「自助」就是不放棄努力，出生不好不自卑，遇到困難不放棄，微笑地面對生活中的打擊和挫折，坦然地對待世上的不公平。「天助」就是機遇和成功的好運。自助者善於把握機會，只有自助，天才可助之；人不自助，天將棄之。

「不食嗟來之食」

「不食嗟來之食」來自於《禮記‧檀弓》。

古時，齊國有一年大荒，很多人出去逃難。有個人想做善事，在大路旁邊擺出食物，施捨給路過的難民，有個難民餓得眼睛快睜不開了，慢慢的走來，那人見了就拿著食物招呼他：「嗟，來食！喂，來吃！」難民生氣的瞪著眼睛說：「我就是因為不吃『嗟來之食』才落得這樣，我不會接受你這樣的憐憫！」那人於是向他道歉，但他寧肯餓死也堅決不吃。這句名言就是出自於這個故事，是說為了表示做人的骨氣，絕不低三下四地接受別人的施捨，哪怕是讓自己餓死。

即使是在今天，這一傳統觀念依然有其存在價值與合理性。在人的精神和肉體之間，在精神追求和物質追求之間，在人的尊嚴和卑躬屈膝之間，前者高於、重於後者。在二者不能兩全的情況下，寧可捨棄後者、犧牲後者，不使自己成為行屍走肉，衣冠禽獸。人之所以為人，而非行屍走肉，區別就在這裡。

人不能只單純追求物質層次的享受，還要追求精神層次的享受。高爾基常說：「一個人追求的目標越高，他的才能就發展得越快，對社會就越有益。」一個人在一生中會追求很多個目標，但是一定要記住要把目標提高，不要為卑微的東西去祈禱，要為高尚的追求去努力。

著名作家馬克・吐溫小的時候發生過這樣的故事：

馬克・吐溫四歲時便去上學了，教書的霍爾太太是一位虔誠的基督徒。有一天，霍爾太太給孩子們講解《聖經》，當講到「祈禱，就會獲得一切」的時候，小馬克・吐溫忍不住站了起來，他問說：「如果我向上帝祈禱，祂會給我想要的東西嗎？」「是的，孩子，只要你願意虔誠的祈禱，你就會得到你想要的東西。」於是他心裏想得到一塊很大很大的麵包，放學的時候，小馬克・吐溫對同學說：「明天我會有一塊大麵包。」回到家後，小馬克・吐溫關起門，開始無比虔誠的祈禱，他相信上帝已經看見了自己的表情，上帝一定會被自己的誠心感動的！

然而，第二天起床後，當他把手伸進書包時，除了一本破舊的課本什麼也沒有發現。他決定每天晚上堅持祈禱，一定要等到麵包的降臨。一個月後，同學笑著問小馬克・吐溫：「你的麵包呢？」小馬克・吐溫告訴同學，上帝也許根本就沒有看見自己在進行多麼虔誠的祈禱。同學笑著說：「一塊麵包用幾個硬幣就可以買到了，為什麼要花費這麼多的時間去祈禱，而不是去賺錢買麵包呢？」小馬克・吐溫決定不再祈禱，他對自己說：「我不要再為一件卑微的小東西祈禱了。」他帶著對生活的堅定信心走向了新的道路。

雨果曾說過：「人有了物質才能生存；人有了理想才談得上生活。你要瞭解生存與生活的不同嗎？動物生存，而人則生活。」人類之所以稱為高等動物，是因為人類有思想，不只是有物質追求，還有精神追求。在人的生活當中，精神追求是很重要的一個方面，是決定一個人一生的重要因素。因此，我們要提高自己追求的目標，為自己人生的輝煌去努力奮鬥。

改變命運從重塑自我出發

很多人喜歡去算命，也常常將「命運的安排、命中注定、我的命不好」等等的話語掛在嘴邊。其實人的命運是由自己掌握的，是可以改變的。而一個人要改變自己的命運必須要真正認識自己，不斷地克服自己的缺點，不斷地從經驗中提高自己，重新塑造自我。

塞繆爾·史邁爾斯在《自己拯救自己》一書中寫說：「人生的偉大成就，往往是在平凡的生活中透過簡單的方式獲得。日常生活，包括工作、需要和責任為獲得最好的經驗，提供了足夠的機會；人類的經驗為勤奮者，提供了足夠的發展機會和自我提高的空間。」

上世紀最著名的科學、物理學家愛因斯坦，童年時並不顯得聰明，三歲時才學會說話，父母因此認為他是一個遲緩兒。上學後，有位老師對他父親說：「你的孩子將是一事無成」，甚至勒令他退學。十六歲時，他報考蘇黎世大學，又因成績差而名落孫山。但他並不灰心，透過勤奮學習，成了傑出的物理學奠基人。曾有青年問他是怎樣成功的，他寫下了這樣一個公式：A=X+Y+Z（A代表成功，X代表勤奮學習、工作，Y代表好的學習方法，Z代表少說廢話）。

俗話中有這樣一句話：「上帝從不埋怨人們的愚昧，人們卻埋怨上帝的不公平。」**身為一個有思想的人，不應該一味地去埋怨上天的不公，命運的坎坷，而是要努力地去完善自我，提升自我，改變自己的命運。**完善自我，提升自我的目標是提升自己的素養，素養是一個人全部知識和人生閱歷的總和。我們只有不斷提高自身的素養，才能不斷地進步，才能豐富自己的人生，幸福也才能走到我們身邊來。

獨立思考，獨立生活

我國有一句俗話說：「在家靠父母，出外靠朋友。」現在有很多人都有這種依賴心理，甚至是從小就養成了「依靠」的習慣。不只是物質上的依賴，還有精神上的依賴，特別是對問題的解決方案，對未來的決斷上也依賴他人；不懂得獨立思考，獨立生活。

很多人對生活有這樣的看法：活著就活著，想那麼多幹嘛，別人怎麼活我就怎麼活，而有這種心理只會讓人不思進取，碌碌無為。如果我們思考問題的方式和別人一樣，那麼最好的結果就是做到別人已經做到的地步，而無法超越別人。如果你想要取得更大的進步，就必須有不一樣的想法。

古今中外，有卓越成就的科學家無一不是喜歡思考的。

愛因斯坦幼時發育較遲緩，三、四歲時候還不太會說話。但是，小腦袋中經常沉思著各種稀奇古怪的問題。他常常托著下巴在想：「雨為什麼會從天上掉下來？月亮為什麼不會從天上掉下來？」在他四、五歲的時候，爸爸給他一個羅盤，他非常喜歡這個玩具，愛不釋手地玩弄起來。

但是他發現無論怎麼轉動，當靜止的時候羅盤上塗著紅色的指針總是指向北方。「真奇怪！」小愛因斯坦心裏想著。「為什麼它總是指向南、北，而不指向東、西呢？」他喃喃地向自己提出了一個許多小朋友沒有想到的問題。他一個人玩著、試著，癡癡地思考著，整天精神恍惚，沉默不語，父母還以為他生病了呢！終於，他找到一個答案：「這根針的周圍一定有什麼東西在推著它！」於是，他想找出羅盤周圍存在的某個神秘的東西。

但是，找來找去卻一直沒有找到。在愛因斯坦對羅盤的探索中，已經孕育了一顆做出偉大發現的種子，因此他長大之後成為了偉大的科學家。

伽利略一五六四年生於義大利的比薩城，就在著名的比薩斜塔旁邊，他的父親是個破產貴族。當伽利略來到人世時，他的家庭已經很窮了。十七歲那一年，伽利略考進了比薩大學，在大學裏，伽利略不僅努力學習，而且喜歡向老師提出問題。哪怕是人們司空見慣、習以為常的一些現象，他也要打破砂鍋問到底，弄個一清二楚。

試想，如果這些偉大的科學家發現這些現象的時候，也像其他人一樣習以為常，我們的今天會是什麼樣子呢？

同樣的道理，如果我們在生活當中，工作當中總是不愛思考，依靠別人，那麼我們的命運又會是什麼樣子呢？

朋友總會在你需要幫助的時候幫你一把，但如果你依此為由，凡是遇到麻煩就等著別人的幫助，那會使你變成無能之輩了。

要想改變自己的命運，要想有一個美好的未來，我們要學會獨立思考，獨立生活。

重視拐杖的作用

拐杖是幫助人們前進的一種工具，而人生的「拐杖」非朋友莫屬。生活在現代社會，每個人都需要朋友的幫助，因此，一個人要想成功必須要學會為人處世，要重視朋友的幫助，並且要懂得知恩圖報，這樣才能交到更多的朋友。

阿拉伯傳說中有兩個朋友在沙漠中旅行，在旅途中的某個地方他們吵架了，其中一個還給了另外一個一記耳光。被打的覺得受辱，一言不語，在沙子上寫下：「今天我的好朋友打了我一巴掌。」他們繼續往前走。到了河邊時，被打巴掌的那位不小心差點淹死，幸好被朋友救了起來。被救起後，他拿了一把小刀在石頭上刻了：「今天我的好朋友救了我一命。」一旁好奇的朋友問說：「為什麼我打了你以後，你要寫在沙子上，而現在要刻在石頭上呢？」他笑笑的回答說：「當被傷害時，寫在容易忘的地方，風會負責抹去它；相反的，如果被幫助，我要把它刻在心裏的深處，那裡任何風都不能抹滅它。」

生命裏或許可以沒有感動、沒有勝利……沒有其他東西，但是不能沒有朋友。我們在平時的工作和生活當中一定要重視朋友，要真心對待朋友，學會寬容，但是同時也不能隨便傷害朋友。

從前，有一個脾氣很壞的男孩，他的爸爸給了他一袋釘子，告訴他，每次發脾氣或者跟人吵架的時候，就在院子的籬笆上釘一根。第一天，男孩釘了三十七根釘子。後面的幾天他學會了控制自己的脾氣，每天釘的釘子也逐漸減少了。

他發現，控制自己的脾氣，實際上比釘釘子要容易的多。終於有一天，他一根釘子都沒有釘，他高興的把這件事告訴了爸爸。爸爸說：「從今以後，如果你一天都沒有發脾氣，就可以在這天拔掉一根釘子。」日子一天一天過去，最後釘子全被拔光了。爸爸帶他來到籬笆旁邊，對他說：「兒子，你做得很好，可是看看籬笆上的釘子洞，這些洞永遠也不可能恢復了。就像你和一個人吵架，說了些難聽的話，你就在他心裏留下了一個傷口，像這個釘子洞一樣。插一把刀子在一個人的身體裏，再拔出來，傷口就難以癒合了。無論你怎麼道歉，傷口總是在那裡。要知道，身體上的傷口和心靈上的傷口一樣都難以恢復。你的朋友是你寶貴的財產，他們讓你開懷、讓你更勇敢，他們總是隨時傾聽你的憂傷。你需要他們的時候，他們會支持你，向你敞開心扉。」

朋友就如同人生的一個「拐杖」，正是因為有了一個又一個的朋友，我們才能在人生的道路上前進，我們的人生才會如此精彩！我們一定要重視友誼的作用！

內在涵養讓你展現無窮魅力

涵養是一個人應具備的誠實、謙讓、大度和忍辱負重、委曲求全的一種綜合素質。我們在看一個人是否美麗的時候，不只是看人的外表，更重要的是看內在的涵養。一個富有涵養的人，不論面對什麼樣身分的人，始終都彬彬有禮；不論碰到什麼不愉快、不順心的事情，都能夠不急不躁。為一點小事動不動就生氣的人，涵養是不會很好的；良好的風度和禮貌，是一個有涵養的人對待他人的自然反應。能夠設身處地為他人著想，是一個有涵養的內在表現。

涵養是個人的內在修為，外化為對身邊人和事的一種處理方式。成熟的內涵表現為穩重、高雅的個人氣質，絕非刻意模仿和掩飾偽裝就可以達到的，它是一種來自個人的教育環境、嚴格的個人修為和良好的素質教育，所共同造就的行為規範。

紀伯倫說：「大智慧是一種大涵養，有涵養的人才善於學習，我們從多話的人學到了靜默，從偏狹的人學到了寬容，從殘忍的人學到了仁愛」。

英國王室為了招待印度當地居民的首領，在倫敦舉行晚宴，身為「皇太子」的溫莎公爵主持這次宴會。宴會快要結束時，侍者為每一位客人端來了洗手盤，印度客人們看到那精巧的銀製器皿以為是喝的水，就端起來一飲而盡。作陪的英國貴族目瞪口呆，溫莎公爵神色自若，一邊與眾人談笑風生，一邊也端起自己面前的洗手水，像客人那樣「自然而得體」的一飲而盡。接著，大家也紛紛效仿，本來要造成的難堪與尷尬頃刻釋放，宴會取得了預期的成功。

早年的林肯出言尖刻，甚至到了與人決鬥的地步。後來，他接受了教訓，在非原則問題上，總是避免與別人爭執，按照他的話說：「寧可給一條狗讓路，也比與牠衝突而被咬一口好。如果被咬傷了，即使把狗殺掉，也無濟於事，得不償失。」林肯身材瘦高腿長，一次，有位自命不凡的同事不無譏諷地問林肯：「一個人的兩條腿應該有多長？」林肯沉穩地答說：「我認為至少應該碰得到地面。」林肯得體的讓步，不僅避免了無益的爭端，還顯示了自己的大度，使對方陷入尷尬。直到他當上總統以後，此話仍被人們引為美談。

真正的「涵養」，應該有文化的基礎做積澱，應該多讀書。讀書可以增長知識，知識可以培養一個人的氣質。所謂：「腹有詩書氣自華」。如果因為年輕的容貌而自我陶醉，只能顯得自己輕薄無知。世界第一名演說家安東尼・羅賓一年看五百本書籍、比爾・蓋茲每天都在看書……，他們為什麼能成為世界第一呢？就是看書，看書能提高他們的涵養，豐富他們的知識，為他們的成功提供了必不可少的條件。

自我修養使人終生受益

自我修養是指一個人按照社會或階級的要求，經過學習、磨練、涵養和陶冶的過程，為提高自己的素質和能力，在各方面進行的自我教育和自我塑造，是實現自我完善的必經之路。

塞繆爾・史邁爾斯在《自己拯救自己》一書中寫說：「那些想做得出色的人，必須不停地工作，不管你願意不願意，早晨、中午和晚上都不能放棄。他們會發現這不是什麼輕鬆的遊戲，而是非常艱苦的工作。」**要取得成就，除了天賦外，勤奮是絕對必要的條件**。天賦與生俱來，但只有後天的不斷培養才能使它開花結果，如果世界上有什麼東西真讓人敬佩的話，那就是那些天生並不聰明的人透過誠懇、真摯和熱情變得聰明起來。做任何事情，都需要下面的品質：特殊的才能，處變不驚的從容，把大量的工作者組織起來的能力，對任性的瞭解，不斷提高的自我修養，以及不斷累積豐富的生活經驗。

約瑟夫說：「一個值得崇敬的人，首先是一個有修養的人，他會很體面地照顧到大家的自尊心。」

耶魯大學有一批應屆畢業生二十二人，實習時被導師帶到華盛頓的白宮某軍事實驗室裏參觀。全體學生坐在會議室裏等待該實驗室主任──胡里奧的到來，這時有秘書給大家倒水，同學們都表情木然地看著她工作，輪到比爾時，他輕聲的說：「謝謝！天氣這麼熱，辛苦了。」秘書抬頭看了他一眼，滿懷著驚奇，雖然這是很普通的客氣話，卻是她今天聽到的唯一一句。然而，隨後卻發生了一件很尷尬的事。當胡里奧主任推開門走進來和大家打招呼時，不知怎麼回事，靜悄悄的，沒有一個人回應。比爾左右看了看，猶猶豫豫地鼓了幾下掌，同學們這才稀稀落落地跟著拍手。胡里奧主任向大家打招呼，並有禮物送給大家。接下來更尷尬的事情發生了，大家都坐在那裡，很隨意地用一隻手接過胡里奧主任雙手遞過來的禮物。胡里奧主任臉色越來越難看，走到比爾面前時，已經快要沒有耐心了。就在這時，比爾禮貌地站起來，身體微傾，雙手握住手冊，恭敬地說了一聲：「謝謝您！」胡里奧主任聞聽此言，不覺眼前一亮，伸手拍了拍比爾的肩膀，說：「你叫什麼名字？」比爾回答，胡里奧主任微笑著點頭回到自己的座位上。二個月後，在畢業去向表上，比爾的去向欄裏赫然寫著該軍事實驗室的名字。有幾位頗感不滿的同學找導師，導師看了看這幾張尚顯稚嫩的臉，笑說：「是人家點名來要的！其實你們的機會是完全一樣的，你們的成績甚至比比爾還要好，但是除了學習之外，你們需要學的東西太多了，而修養是第一課。」

一九八八年一月，總共有七十五位諾貝爾得獎者在法國首都巴黎聚會，這些被稱為「諾貝爾們」的大科學家以「二十一世紀的希望和威脅」為主題，就人類面臨的重大問題進行了首次研討。與會期間，有人問一位科學家：「您在哪所大學，哪個實驗室學到了您認為最主要的東西呢？」出人意料，這位白髮蒼蒼的學者回答說：「是幼稚園。」「在幼稚園學到了什麼呢？」學者答：「把自己的東西分一半給夥伴們；不是自己的東西不要拿，東西要放整齊；吃飯前要洗手，做錯了事情要表示歉意；午飯後要休息，要仔細觀察大自然。從根本上說，我學到的全部東西就是這些。」

可以看出，一個人的成功來自於從小的品德教育，良好的自我修養會使人終生受益。如果一個人沒有自我修養的品質，即使他具備其他一切成功者的素質條件，也是毫無價值的，根本不可能成為成功者。因為，即使你有自我促進的願望，即使你自己處於最佳狀態，即使你設想登上南極，如果沒有百折不撓的修煉，那你將永遠不能達到自己所訂的目標。

良好品格成就真正的紳士

塞繆爾・史邁爾斯在《自己拯救自己》一書中寫說：「一個沒受過良好教育、能力一般、收入菲薄的人，只要他品格高尚，他同樣能產生比較大的影響，不管他是在商業還是在議會。」品格是人生的桂冠和榮耀，它是一個人最高貴的財產，是他在信譽方面的全部財產，它還構成人的地位和身分本身。品格使社會中的每一個職業都成為榮耀，每一個崗位都受到鼓舞。品格比財富更具威力，它使所有的榮譽都毫無偏見地得到保障。它會時時產生影響，因為它是一個人被證實信譽、正直和言行一致的結果，比其他任何東西更能影響別人對他的信任和尊敬。

馬克・吐溫住在城裏的時候，幾乎天天都有送牛奶人員或郵遞員給他送牛奶或郵件，每一次馬克・吐溫總是熱情的親自打開房門，微笑的從送牛奶人員或郵遞員手中接過東西，並且滿懷感激的對他們說：「辛苦你了；謝謝你之類的話。」有的送貨人員或郵遞員對此不予理睬，自己把東西送完就什麼也不說的離開；遇到有些脾氣不好的送貨人員還會對馬克・吐溫說一些譏諷的話，但不論那些送貨人員怎麼對待馬克・吐溫，他總是一如既往的表達自己的謝意。直到有一天，他的一個朋友在他家小住幾日，朋友一連幾天看見馬克・吐溫這樣對待那些送貨人員，但送貨人員往往總是粗暴的對待他，終於有一天早上送牛奶人員離開之後，朋友忍無可忍問他為什麼要這樣，馬克・吐溫對朋友微微一笑，謙遜的說：「我豈能因為他們不好的性格，改變我好的品行呢！」

馬丁・路德・金曾說：「一個國家的繁榮，不取決於它國庫之殷實，不取決於它城堡之堅固，也不取決於它公共設施之華麗；而在於它公民的文明素養，即在於人們所受的教育、人們的遠見卓識和品格的高下。這才是真正的利害、真正的力量所在。」

品格是最好的人性，是道德規範在個體身上的展現。任何物質的高貴都不及人的品格高貴，在物質越來越豐足的未來，我們精神上的豐足會越來越變得重要。品格是人生享用不盡的寶貴資源，是一個人最有效的推薦書，一生的前途命運都需要依賴自己的品格。偉大的品格有一種神奇的力量，足以感化所有人的心靈。

張弛有度，圓滑處世

待人接物是門學問。隨著社會的快速發展，人們所處的人事環境、物質環境也急速在變化中，面對這複雜多變的環境，我們不禁要感嘆，現在不僅做事難，做人更難。

一個頗負盛譽的企業名人，在一次內部培訓會上，傳授了他從業幾十年的成功秘訣時說：「事業成功與否，關鍵在於如何處世做人。」的確，處世之道就是為人之道，今天我們要能立足於社會，就得先從如何做人開始。明白怎樣做人，才能與人和睦相處，待人接物才能通達合理，這確實是一門高深的學問，值得我們終身學習。

生活中不免會接觸到一些油腔滑調的人，常常是「見人說人話，見鬼說鬼話」。人們對於這些人是既羨慕他們這種在別人面前遊刃有餘的能力，同時也討厭他們的油腔滑調。其實，從社會交往的能力和適應力的角度看，為人適當圓滑，是一種良好社會交往能力的展現。他們往往對所處環境和他人感受有著極其敏銳的判斷，會根據當時的處境說出在當時最該說的話，做出在當時最該做的事情。這種人通常在各個方面都適應得比較好，能夠很快投入到一個全新的人際環境當中。那麼如何才能做到圓滑處世，左右逢源呢？其實，要想在紛繁複雜的現代社會中，處理好各式各樣的人際關係，重要的是自己要有禮節，說話要用腦子，做事要考慮後果，要做到不傷和氣，利人利己，這是為人處世很重要的一點。另外，做人還需要一點幽默感。

林肯是美國歷任總統中最具幽默感的一位。有人認為林肯對待政敵的態度不夠強硬，對他說：「你為什麼要讓他們成為朋友呢？你應該想辦法消滅他們才對。」「我難道不是在消滅政敵嗎？當我使他們成為我的朋友時，政敵就不存在了。」林肯溫和地說。又有一次，一個婦人來找林肯，她理直氣壯地說：「總統先生，你一定要給我兒子一個上校的職位。我們應該有這樣的權利，因為我的祖父曾參加過雷新頓戰役，我的叔父在布拉敦斯堡是唯一沒有逃跑的人，而我的父親又參加過納奧林斯之戰，我丈夫是在曼特萊戰死的，所以……」林肯回答說：「夫人，你們一家三代為國服務，對國家的貢獻實在夠多了，我深表敬意。現在你能不能給別人一個為國效命的機會？」那婦人無話可說，只好不好意思的離開。

一個人如果過分方方正正，就像生鐵一樣，一折就容易斷；但一個人如果八面玲瓏，圓滑透頂，總是想讓別人吃虧，自己佔便宜，久而久之，誰還願與這種人打交道呢？因此，在為人處世的過程中要做到張弛有度，圓滑處世。

成功屬於永不滿足的人

惰性是人類的一種本性，但是懶惰只會讓人退步。世界上凡是有較大成就的人無一不是經過刻苦努力的，無一不是具有不斷進取精神的。塞繆爾・史邁爾斯在《自己拯救自己》一書中寫說：「一些人之所以稱為貴族的一個主要原因就是，他們的血脈裏流淌著永不止息的勤勞、智慧的血液；這是他們無盡力量的源泉。」

現實生活當中很多人是安於現狀，經常說自己做的夠好了，自己不可能再上個台階等等之類的說詞。那只是懶人給自己的藉口而已。

成功屬於永不滿足的人，如果一個人只是安於現狀，不知道繼續努力，那他將一事無成，甚至可能無法繼續生存。

就像大家熟悉的鮎魚效應。沙丁魚被打撈上來後放在魚倉裏很快就死了，魚死就沒有價值，但是在魚倉裏放入一條鮎魚，結果把沙丁魚運到碼頭，沙丁魚還是活的。原因就是鮎魚是沙丁魚的天敵，鮎魚在倉裏游動時，沙丁魚想活命便在裏面開始游動，所以就活命了。

一九四一年底，新加坡被日軍佔領。第二年二月初的一天，在賈朗・普莎魯的收容所裏，一群人在接受身體檢查。檢查完後，青壯年男子都被送上卡車，看來像是要送去當苦力。車上一個高個子青年發覺卡車看守得很嚴，不像是開往工地，他內心預感不妙，便看準看守人員的疏忽，偷偷地跳車逃跑了。二十年後，這個青年回憶說：「後來才知道，那些上卡車的人，永遠都不會再回來了。」這位死裏逃生的年輕人，後來領導了一個國家，創造出一個又一個的成就，他就是新加坡前總理李光耀。

每個人都應該要有遠大理想，並為心中的那個夢而不斷努力奮鬥，唯有如此，付出才會有回報，也會在不斷的追求中，取得一個又一個的成功！

鑰匙七：

一生的資本—奧里森・馬登

有的人一生中財富在不斷增值；有的人卻是在不斷縮水。
透過金錢數字的閃爍變化，人們不禁要問，
財富路上最核心的資本是什麼？
如何才能讓自己的財富不斷膨脹？
一無所有的青年人，靠什麼獲得財富？
是靠犧牲家庭、名譽和健康，不惜一切代價去換取金錢，
還是靠勤勞刻苦的工作習慣，誠實信用的可靠人格，
合理明智的做事方式，及激發自己潛能的心理訓練來取得成功。
奧里森・馬登在《一生的資本》一書中給了你明確的答案。

讓夢想在現實中起舞

夢想是深藏在人們內心深處的最深切的渴望，是你成就事業的動力，夢想能激發你生命中的全部潛能。夢想不是理性的計算，夢想是一種情緒狀態，這種情緒的狀態是以熱情的方式展現的。這種熱情可以讓你創造出無法想像的奇蹟。

奧里森・馬登說對世界最有貢獻、最有價值的人，就是那些目光遠大，且有先見之明的夢想者。他們能運用智慧和知識，來為人類造福，把那些目光短淺、深受束縛和陷於迷信的人解救出來。有先見之明的夢想者，還能把常人看來做不到的事情一一變為現實。

人只有具有了夢想，才可能有遠大的希望，才會激發人們內在的潛能，增強人們的努力，以求得光明的前途。

在古希臘的神話中，在中國的古代小說中，都曾經有著人能像鳥兒一樣地飛上藍天的故事。但限於當時的科學條件等種種因素，人們飛上藍天始終只能成為一個美麗的夢想。既然是一個夢想，那麼就有可能會實現。

韋伯・萊特生於一八六七年四月十六日，他的弟弟奧維爾・萊特生於一八七一年八月十九日，他們都出生在美國，是二十世紀最著名的發明家。他們在童年時就曾經利用鄰居店裏的壞車，改製成可以使用的人力運貨車。一八九四年，他們還開設了一家自行車店，改裝和修理自行車。奧托・里林達爾試飛滑翔機成功的消息使他們立志飛行。

一八九六年里林達爾試飛失事，促使萊特兄弟把注意力集中在飛機的平衡操縱上面。他們特別研究了鳥的飛行，並且深入鑽研當時幾乎所有關於航空理論方面的書籍。這個時期，航空事業連連受挫，飛機技師皮爾機毀人亡，重機槍發明人馬克沁試飛失敗，航空學家蘭利連飛機帶人摔入水中等，這使大多數人認為飛機依靠自身動力的飛行完全不可能。但萊特兄弟卻沒有放棄努力。

一九〇〇年至一九〇二年期間，萊特兄弟除了進行一千多次滑翔試飛之外，還自製了二百多個不同的機翼進行了上千次風洞實驗，修正了里林達爾的一些錯誤的數據，設計出了較大升力的機翼截面形狀。

一九〇三年，萊特兄弟製造出了第一架依靠自身動力進行載人飛行的飛機：「飛行者一號」。十二月十四日至十七日，「飛行者一號」進行了四次試飛，地點在美國北卡羅來納州基地霍克的一片沙丘上。第一次試飛由奧維爾・萊特駕駛，共飛行了三十六公尺，滯留空中十二秒。

第四次試飛由韋伯・萊特駕駛，共飛行了二百六十公尺，滯留空中五十九秒。

萊特一對傳奇式的兄弟，是他們在真正的意義上實現了人類能夠翱翔藍天的遠大夢想！所以萊特兄弟被人們喻為飛機的老爸！

像萊特兄弟一樣，我們每一個人都會有自己的夢想，有夢的人生才是最生動的。但夢想與現實畢竟存在著很大的距離，正視現實但不委身於現實；保持幻想，但不沉溺於幻想，讓夢想在現實中起舞，才是正確的人生態度。正如奧里森・馬登所說：「人不僅要有夢想，還要信仰夢想，更要激勵自己去實現夢想。」人人具有向上的志向，志向就會像一枚指南針，指引人們走上光明之路。良好的幻夢，就是未來人生道路美滿成功的預示。

激發自己的潛能

一顆南瓜可以承受多大的壓力？

最初，美國麻省Amherst學院試驗人員認為是五百磅。可是，當試驗人員將鐵圈固定在一顆南瓜上後，第一個月它承受了五百磅，第二個月它承受了一千五百磅，試驗人員不斷加大鐵圈的壓力，最後南瓜承受了超過五千磅的壓力後，瓜皮才產生破裂。南瓜為什麼能承受如此巨大的壓力？

試驗人員研究後發現，為了試圖突破鐵圈，整個南瓜中佈滿了堅韌牢固的層層纖維。為了吸取養分，南瓜藤所有的根全部往不同的方向伸展，超過了八萬英尺，幾乎控制了整個花園的土壤與資源。一顆南瓜有了鐵圈的壓力後，竟然激發了不可思議的潛能，創造出了不可思議的奇蹟。

安東尼・羅賓在《潛能成功學》一書中說：「人的潛能猶如一座待開發的金礦，蘊藏無比價值，而我們每個人都有一座潛能金礦。」那麼，人能不能像南瓜一樣激發出不可思議的潛能，創造出不可思議的奇蹟呢？

一八八三年，在建造一座橫跨曼哈頓和布魯克林的大橋時，現場發生了災難性的事故。工程師華盛頓・羅布林其父不幸身亡，自己身受重傷，他的整個身體唯一能動的就是一根手指。這座大橋本來許多人就認為不可能建成，如今堅信能把大橋建成的華盛頓・羅布林父子又出了這麼嚴重的事故，大家都認為這項工程會因此而結束。為了能把大橋建成，喪失了活動和說話能力，但思維仍然敏銳的華盛頓・羅布林卻並沒有因此而放棄自己還未完成的事業。他開始用他那唯一能動的這根手指不停地敲擊他妻子的手臂，透過妻子的感覺把他的設計意圖轉達給仍在建橋的工程師們。華盛頓・羅布林就用這唯一能動的手指，在妻子的手臂上敲擊了十三年，直到雄偉壯觀的布魯克林大橋最終落成。一根手指成就了一座大橋，華盛頓・羅布林創造了不可思議的人間奇蹟。

生活中，有多少人在渾渾噩噩過日子呢？有多少人在安逸的生活中懈怠呢？有多少人認為自己沒有什麼本事就安於現狀、不思進取呢？有些時候我們需要一種危機，喚醒我們內心深處被掩藏已久的人生激情，來實現人生的最大價值。人的平庸，多數不是因為自身能力不夠，而是因為安於現狀、不思進取，在平淡的生活中埋沒了自己。不要總是羨慕別人頭上的光環，其實你也有能力給自己戴上美麗的花冠。

奧里森・馬登說：「一個人的才能來自於他的天賦，而天賦又不太容易改變。」但實際上，大多數人的志氣和才能都深藏潛伏著，必須要外界的事物予以激發，志氣一旦被激發，如果又能加以繼續的關注和教育，就能發揚光大，否則終將萎縮而消失。因此，如果人們的天賦與才能不被激發、不能保持、不能得以發揚光大，那麼，其固有的才能就要變得遲鈍並失去它的力量。愛默生說：「我最需要的，就是有人叫我去做我力所能及的事情。」去做「我」力所能及的事情，是表現「我」的才能最好途徑。拿破崙、林肯未必能做的事情，但「我」能夠做，這只要盡「我」最大的努力，發揮「我」所具有的才能。

我們每個人的體內都潛伏著巨大的才能，但這種潛能一般都是酣睡著，一旦被激發，便能像成功的人一樣做出驚人的事業來。

機會來自於苦幹

愚者錯失機會，智者善於抓住機會，成功者創造機會，機會只是給準備好的人。機會真是「神奇」，它給「疑無路」的人帶來「柳暗花明」，讓商人散盡千金「還復而來」，能讓「屈心抑志」的文人從此「青雲直上九重霄」。說來的神奇，其實它經常出現在我們的身邊，而智者能發現它、利用它走向成功，愚人往往錯過它卻抱怨命運的不公平。其原因就在於機會只偏愛有準備的人，有準備的人才能辨識和把握機會。

機會偏愛有準備的人，中國有句諺語：「台上一分鐘，台下十年功。」我們常羨慕別人的機會好，羨慕命運對別人的青睞、羨慕別人的成功，卻沒有看到榮耀和鮮花背後所付出的千辛萬苦。阿穆耳肥料工廠的廠長馬克道厄爾，最初是在一個懶惰的上司底下做事，那上司總是把事推到手下職員的身上。他覺得馬克道厄爾是一個可以任意驅使的人，某次便叫他替自己編一本阿穆耳先生往歐洲時用的密碼電報書。那個上司的懶惰，使馬克道厄爾擁有了做事的機會。馬克道厄爾不像一般人編電碼一樣，隨意簡單地編幾張紙；而是編成一本小小的書，用打字機很清楚地打出來，然後仔細的用膠水裝訂著。做好之後，那上司便交給阿穆耳先生。「這大概不是你做的。」阿穆耳先生問。「不……是……」那上司顫抖的回答。「你叫他到我這裡來。」於是馬克道厄爾進到辦公室，阿穆耳說：「小夥子，你怎麼把我的電報做成這樣本子的呢？」「我想這樣你用起來會方便些。」馬克道厄爾回答說。過了幾天之後，馬克道厄爾便坐在前面辦公室的一張辦公桌前；再過些時候，他便代替以前那個上司的職位了。

所以我們想要成功，想抓住機會，就必須從現在開始收拾好行囊，做好準備，當機會輕輕地叩響門時，我們就會沉著地應和一聲，踩著它的節拍，旋轉而去，千萬不要眼睜睜地看著它，在倏忽之間從你身邊姍姍飄過，而你卻無能為力。

奧里森・馬登說：「機會包含在每個人格之中，正如未來的橡樹包含在橡樹的果實裏一樣。」世界上有許多不幸的可憐蟲，當機會向他們叩門時，他們卻視而不見，充耳不聞，因為他們正躺在床上睡大覺呢。在書中奧里森・馬登推薦青年們看林肯的傳記，瞭解他幼年時代的境遇和他後來的成就。

林肯住在一所極其粗陋的茅舍裏，既沒有窗戶也沒有地板。以我們今天的觀點來看，他彷彿生活在荒郊野外，距離學校非常遙遠，既沒有報紙書籍可以閱讀，更缺乏生活上一切必需品。就是在這種情況下，他一天要走二、三十哩路，到簡陋不堪的學校裏去上課；為了自己的進修，要走一、二百哩路，去借幾本書，而晚上只靠著燃燒木柴發出的微弱火光來閱讀。林肯只受過一年的學校教育，處於艱苦的環境中，竟然能努力奮鬥，一躍而成為美國歷史上最偉大的總統，成了世界上最完美的模範人物。

機會是不會花費氣力去找尋那些浪費時間，偷懶的人；機會好像總是落在那些忙得無暇照料自己的人身上。就邏輯而言，機會應該會找那些時間充裕的人，但事實上，機會卻是為那些有夢想和實施計畫的人顯現。我們總以為機會是活的、會動的，事實上剛好相反，機會是一種想法和觀念，它只存在於那些認清機會的人心中。因此，別去問老闆為什麼你沒有獲得晉升，而應該去問那個真正清楚的人──你自己。

正確的工作態度

奧里森・馬登告訴我們：「一個人對工作所具有的態度，和他本人的性情、做事的才能，有著密切的關係。」一個人所做的工作，就是他人生的部分表現。而一生的職業，就是他志向的表示、理想的所在。所以，瞭解一個人的工作，在某種程度上就是瞭解那個人。如果一個人輕視他自己的工作，而且做得很粗陋，那麼他絕不會尊敬自己。如果一個人認為他的工作辛苦、煩悶，那麼他的工作絕不會做好，這一工作也無法發揮他內在的特長。

有個老木匠向老闆遞了辭呈，準備離開他熟悉的建築業，回家與妻子兒女享受天倫之樂。他是全國最著名的幾位木匠之一，手藝高超。老闆捨不得這樣的好員工離開，問他能否幫忙建造最後一間房子，老木匠欣然允諾。但是，顯而易見他的心已不在工作上，他用的是廢料，做出的是粗工，等到房子竣工的時候，老闆親手把大門的鑰匙遞給他並對他說：「這是你的房子，也是我送給你的禮物。」他震驚得目瞪口呆，羞愧得無地自容。如果他知道是在為自己建造房子，他怎麼會這樣漫不經心、敷衍了事呢？現在他只好住在這間粗製濫造的房子裏！

在社會上，有許多人不尊重自己的工作，不把自己的工作看成創造事業的要素，發展人格的工具，而視為衣食住行的供給者，認為工作是生活的代價、是不可避免的勞碌，這是多麼錯誤的觀念啊！

美國著名的人壽保險銷售員法蘭克・派特，剛轉入職業棒球界不久，就遭到有生以來最大的打擊，他被開除了。他的動作無力，因此球隊的經理有意要他走人。球隊經理對他說：「你這樣慢吞吞的，哪像是在球場混了二十年？我告訴你，無論你到哪裡做任何事，若不提起精神來，你將永遠不會有出路。」

法蘭克離開原來的球隊以後，一位名叫丁尼・密亨的老隊員把他介紹到新凡去。在新凡的第一天，法蘭克的一生有了一個重要的轉變。因為在那個地方沒有人知道他過去的情形，因此他決心變成新凡最具熱忱的球員。為了實現這點，當然必須採取行動才行。

法蘭克一上場，就好像全身帶電。他強力地投出快速球，使接球的人的手都麻了。記得有一次，法蘭克以強烈的氣勢衝到三壘，那位三壘手嚇呆了，球漏接，法蘭克就盜壘成功。

這種熱忱所帶來的結果，真令人吃驚。由於熱忱的態度，法蘭克的月薪增加到原來的七倍。在往後的兩年裏，法蘭克一直擔任三壘手，薪水加到三十倍之多。為什麼呢？法蘭克自己說：「就是因為一股熱忱，沒有別的原因。」

後來，法蘭克的手臂受了傷，不得不放棄打棒球，於是轉入人壽保險業，最後成了人壽保險業的大紅人。不但有人請他撰稿，還有人請他演講自己的經驗。

一個人工作時，如果能以精進不息的精神，火焰般的熱忱，充分發揮自己的特長，那麼不論所從事的工作是如何，都不會覺得工作上的勞苦。

如果我們能以充分的熱忱去做最平凡的工作，也能成為最精巧的工人；如果以冷淡的態度去做最高尚的工作，也不過是個平庸的工匠。所以，在各行各業都有發展才能、增進地位的機會。在整個社會中，實在沒有哪一個工作是可以藐視的。

不要為薪水而工作

在《一生的資本》一書中奧里森・馬登給青年人這樣的建議：「在你們開始工作的時候，不必太顧慮薪水的多少。但一定要注意工作本身所給予你們的報酬，比如發展你們的技能，增加你們的經驗，使你們的人格為人所尊敬等等。雇主所交付給年輕人的工作可以發展我們的才能，所以，工作本身就是我們人格品性的有效訓練工具，而企業就是我們生活中的學校。」

有益的工作能夠使人豐富思想，增進智慧。如果一個人只是為了薪水而工作，而沒有更高尚的目標，實在不是一種好的選擇。在這個過程中，受害最深的倒不是別人，而是他自己。

世界上有許多人專為薪水而工作，工作固然是在解決麵包問題、解決生存問題，但是比麵包更可貴的，就是在工作中發展自己的潛能，盡自己的才華，做正直而純潔的事情。如果工作僅僅是為了麵包，那麼生命的價值也未免太低了。工作所給你的，要比你為它付出的更多。如果你將工作視為一種積極的學習經驗，那麼，每一項工作中都包含著許多個人成長的機會。

那些不滿於薪水低而敷衍了事工作的人，固然對老闆是一種損害，但是長此以往，無異於使自己的生命枯萎，將自己的希望斷送，一生只能做一個庸庸碌碌、心胸狹隘的懦夫。他們埋沒了自己的才能，湮滅了自己的創造力。因此，面對微薄的薪水，你應當懂得，雇主支付給你的工作報酬固然是金錢，但你在工作中給予自己的報酬，乃是珍貴的經驗、良好的訓練、才能的表現和品格的建立。這些東西與金錢相比，其價值要高出千萬倍。

能力比金錢更重要，因為它不會遺失也不會被偷走。如果你有機會去研究那些成功人士，就會發現他們並非始終高居事業頂峰。在他們一生中，曾多次攀上頂峰又墜落谷底，雖起伏跌落，但是有一種東西永遠伴隨著他們，那就是能力。能力能幫助他們重返巔峰，俯瞰人生。

有許多人上班時總喜歡「忙裏偷閒」，他們要嘛上班遲到、早退，要嘛在辦公室與人閒聊，要嘛借出差之名遊山玩水……這些人也許並沒有因此被開除或扣減薪水，但他們會落得一個不好的名聲，也就很難有晉升的機會。如果他們想轉換工作，也不會有其他人對他們感興趣。

一個人如果總是為自己到底能拿多少薪水而大傷腦筋的話，他又怎麼能看到薪水背後可能獲得的成長機會呢？他又怎麼能意識到從工作中獲得的技能和經驗，對自己的未來將會產生多麼大的影響呢？這樣的人只會無形中將自己困在裝著薪水的信封裏，永遠也不懂自己真正需要什麼。年輕人，把目光放長遠點，當你的能力日益提升的時候，當你不再每天為自己的薪水發愁的時候，有一天你會突然間發現，金錢愛上了你。

挫折歷練堅強

有這樣的一句話：「上天是明智的，祂在賦予人類成長的權利的同時，也給了他們許許多多的挫折。」就是這樣的一句話告訴了我們，人這一生是要經歷許許多多的挫折。當我們所受的挫折越多，這說明你離成功的機會就越大。

當我們在錯誤面前無休止的埋怨自己，這是我們在迴避生命的坎坷，怨憤這不公平的命運。如果我們在生命中、在成長中，以一種激情，以一種高歌去面對，也許能使自己的靈魂得到昇華。

人們都希望自己的生活中能夠多一些快樂，少一些痛苦；多些順利，少些挫折，可是命運卻似乎總愛捉弄人、折磨人，總是給人以更多的失落、痛苦和挫折。

記得有這樣一則故事：草地上有一個蛹，被一個小孩發現並帶回了家。過了幾天，蛹上出現了一道小裂縫，裏面的蝴蝶掙扎了好長時間，身子似乎被卡住了，一直出不來。天真的孩子看到蛹中的蝴蝶痛苦掙扎的樣子十分不忍。於是，他便拿起剪刀把蛹殼剪開，幫助蝴蝶脫蛹出來。然而，由於這隻蝴蝶沒有經過破蛹前必須經過的痛苦掙扎，以致出殼後身軀臃腫，翅膀乾癟，根本飛不起來，不久就死了。

這個故事說明了一個人生的道理，要得到歡樂就必須能夠承受痛苦和挫折。這是對人的磨練，也是一個人成長必經的過程。

你碰到低潮，自己鼓勵自己，千萬別乞求依靠別人來鼓勵你！逢山開路，遇水架橋，過了橋，上了山，常會有一片新的天地！**一個人最大的破產是絕望，最大的資產是希望**。含淚播種的人一定能含笑收穫，所有的困苦都是有用意的，這是老天爺在磨練你，為了把重任交給你！沒有一種不透過蔑視、忍受和奮鬥就可以征服的命運。征服恐懼、建立自信最快最切實的方法，就是去做你害怕的事，直到你獲得成功的經驗。跌倒了，一定要爬起來，不爬起來，別人會看不起你，你也會失去機會。**積極的人在每一次憂患中都看到一個機會，而消極的人則在每個機會都看到憂患**。

奧里森・馬登在書中為我們舉了例子：為了要補救身體上的缺陷，許多人因此養成了可貴的品格，造就了一番豐功偉業。一些相貌平凡的女子、甚至長相醜陋的女子，往往能在學業和事業上，進行不懈的努力，最後竟能做出意想不到的成績來，這可看作是對她們長相的一種補救。有一個英國人，生來就沒有手和腳，竟能如常人一般。有一個人因為好奇心的驅使，特地去拜訪他，看他如何行動，如何吃東西。誰知道那個英國人睿智的思想、動人的談吐，竟使那個人聽了十分驚訝，完全忘記了他是個殘疾人士。

茶葉，因開水的浸泡而顯出它的本色；雄鷹，因天空的磨練而展翅高飛；藍天，因白雲的襯托而美麗，而我們因挫折而堅強。

隨時隨地求進步

任何人認識問題的提高，學識才能的長進，工作成績的取得，都有個持續努力、逐步累積的過程，常常是「每天進步一點點」的總和，不可能一蹴而就。好高騖遠，急於求成是成功的大忌。即使具有特殊的天賦，也無法一步登天。九層之台，始於壘土，循序漸進、日積月累，才符合成功的客觀規律。有的人在某個階段出現的突飛猛進，其實是積以時日，能量聚積到臨界程度後自然爆發的成果，絕非一朝一夕之功。在工作實踐中知難而退，眼高手低，使人創新難有作為，而妄自菲薄更不可取。

成功來自於諸多因素的相加，比如，每天笑容比昨天多一點點；每天走路比昨天精神一點點；每天行動比昨天多一點點；每天效率比昨天提高一點點；每天方法比昨天多找一點點……。每天進步一點點，假以時日，我們的明天與昨天相比將會有天壤之別。

每天進步一點點，需要每天都要具體設計和規劃，既不能急躁冒進，又不能敷衍應付，更不能做假，因為這不是做給別人看，而是嚴於律己的人生態度和自強不息的進取精神。每天進步一點點，使每一個今天充實而又飽滿。每天進步一點點，終將使一生厚重而充實。

早在二十世紀五〇年代，美國著名的質量管理大師戴明博士多次到日本松下、索尼、本田等企業演講，他傳授了最簡單的方法：「每天進步一點點」。日本的這些企業正是這樣做，才取得了質量的長足進步，使當時的「東洋貨」獨步天下。每天進步一點點，無論是對於企業管理水準的提高，還是員工素質的提升來講，都不無益處。

法國的一個童話故事中有一道「腦筋急轉變」式的智力題：池塘裏有一片荷葉，它每天會增長一倍。假使三十天會長滿整個池塘，試問第二十八天，池塘裏有多少荷葉？答案要從後往前推，即有四分之一池塘的荷葉。這時，假使你站在池塘的對岸，你會發現荷葉是那樣的少，似乎只有那麼一點點，但是，第二十九天就會佔滿一半，第三十天就會長滿整個荷塘。

正像荷葉長滿池塘的整個過程，荷葉每天變化的速度都是一樣的，可是前面花了漫長的二十八天，我們能看到荷葉都只有那一個小小的角落。在追求成功的過程中，即使我們每天都在進步，然而，前面那漫長的「二十八天」因無法讓人「享受」到結果，常常令人難以忍受。人們常常只對「第二十九天」的希望與「第三十天」的結果感興趣，卻因不願忍受漫長的成功過程而在「第二十八天」放棄。

每天進步一點點，它具有無窮的威力，只是需要我們有足夠的耐力，堅持到「第二十八天」

以後。

一個人，如果每天都能進步一點點，哪怕是一％的進步，試想，有什麼能阻擋得了他最終達到成功？一個企業，如果每天都進步一點點，成為其企業文化的一部分，當其中的每個人每天都能進步一點點，那麼最終的結果必將是輝煌。

不要給自己留退路

我們每一個人都希望自己的人生過得更美好，更絢麗，然而，古今中外又能有幾個人鋪出燦爛的人生大道。路在自己腳下，要怎麼走完全取決於我們自身，許許多多的人總是給自己的人生留下了退路，當他們遇到困難就往後退，當他們禁受不住身邊某些誘惑就停下前進的腳步。所以，這些人終其一生，也只是在某一段路上來來回回不停地遊蕩著，他們永遠也無法彰顯自身的光輝，走出屬於自己的成功之路。

一個人無論做什麼事，務必抱著絕無退路的決心，勇往直前，遇到任何困難、障礙都不能後退。如果立志不堅定，時時準備知難而退，那就絕不會有成功的一日。一生的成敗，全在於意志力的強弱。具有堅強意志力的人，遇到任何艱難事情，都能克服困難，消除障礙。但意志薄弱的人，一遇到挫折，就畏縮不前，最終歸於失敗。實際生活中有許多人，他們很希望上進，但是意志薄弱，沒有堅強的決心，不抱著破釜沉舟的信念，一經挫折立即後退，所以終遭失敗。而那些創下千古佳話，受人崇敬的成功人士，往往都是不給自己的人生留下後退的機會，一直向前走，才造就了如此燦爛的人生。所以，請不要給自己的人生留退路。

雨果，法國著名作家，他所創作的名著：《巴黎聖母院》揭露了社會醜陋的一面，並且成了膾炙人口的作品。但是，在他創作這部作品的期間，卻有一段令人回味的故事。當時的雨果正全心投入到寫作之中，《巴黎聖母院》在他那犀利的筆尖敲擊下也即將完成。但是有一天，他一個非常要好的朋友，突然高興的跑去約他明天出國旅遊，飛機票都已經買好，雨果也是一個非常喜歡出國旅遊的人，此時的他正面臨著兩難抉擇的局面：一邊是即將完成的作品，一邊是異國那充滿誘惑的風情文化。但是，在他朋友把這個消息傳達給他然後離去的時候，雨果終於下定了決心。他把家裏所有的衣櫥都鎖得死死的，然後把這些鑰匙都扔到了住家附近的小池塘裏面。所以，他便由於沒有衣服穿而不可能出國旅遊了，在做完這件事後，他又跑到自己房間開始全心投入寫作。不久之後，《巴黎聖母院》也在他用心良苦的創作下問世了，假如當初雨果禁受不住外國風情文化的誘惑，毅然跟朋友出國旅遊，那麼他的創作靈感可能會由此而受到很大的影響，他的名著也不可能享有如此高的地位了。所以，他這封死了自己所有退路的行為，可以說為他的人生點亮了成功的光芒。他在不給自己的人生留下退路的同時，使得他的前方更加寬闊和絢麗。

奧里森・馬登告訴我們：一旦下了決心，不留後路，竭盡全力，向前進取，那麼即使遇到困難也不會退縮。如果抱著不達目的絕不罷休的決心，就會不怕犧牲，排除萬難去爭取勝利，把那猶豫、膽怯等妖魔全部趕走。在堅定的決心下，成功之敵必無藏身之地。

當你在漫漫的人生道路上前行的時候，請不要給自己留下退路，也許在你身後，山那邊的夕陽很美，但卻是黑夜的前兆；前方的路充滿荊棘，卻是一條陽光大道。

高於一切的意志力

偉大人物最明顯的標誌，就是意志堅強。把自己的希望寄託在別人身上的人，其本身就是一個悲劇。我們應該明白，自己才是一支利箭。若要它堅韌、鋒利、百步穿楊、百發百中，能夠磨礪、拯救它的也只能是自己。

哈蘭德・桑德斯是肯德基炸雞的創始人，隨著六歲時父親的去世，哈蘭德曲折的一生開始了。為了照顧年幼的弟弟，補貼家庭支出，他開始當起農夫，進行田間工作。哈蘭德性情暴烈，是個不實現自己的願望絕不罷休的人。這種固執的性格，總成為他與別人爭吵的原因，他為此不得不多次變換工作。

他自己經營的附帶有餐館的加油站，但是由於加油站前的那條道路經過變更，因此顧客劇減。六十五歲時，哈蘭德不得不放棄了餐館。然而，哈蘭德並未死心，他想到手邊還保留著極為珍貴的一份專利：製作炸雞的秘方。現在，他決定賣掉它。為了賣掉這份秘方，他開始走訪美國國內的快餐館。他教授給各家餐館製作炸雞的秘訣：調味料。每售出一份炸雞他將獲得五美分的回扣。五年之後，出售這種炸雞的餐館遍及美國及加拿大，共計四百家。

當時，哈蘭德已經七十多歲。一九九二年肯德基炸雞的連鎖店在全美達五千家，海外達四千家，共計擴展到九千家。可見，強者能與命運的風暴抗爭。無論在生活中遇到什麼樣的困難，他們總是能夠勇往直前，想盡一切辦法去克服。

J・K・羅琳是一個命運不濟的人。大學畢業後，她在倫敦漂泊，靠打零工餬口。一次，她去曼徹斯特尋找大學時的男友，卻未能找到，只好搭車返回倫敦。在火車上她悶悶不樂，當她看著窗外那黑白花乳牛時，她腦海中出現有一列火車載著一個男孩去巫師寄宿學校的情景。於是一個靈感一閃：一個小男孩在得到魔法學校邀請前，並不知道自己就是個巫師。但是她沒有帶紙筆，只好閉上眼睛，把浮現在腦海中的每個想法和細節都記住。回到家，她再把在火車上所想到的寫在一個小本子上。很快，這樣的小本子就裝滿了一個鞋盒。

後來，她與葡萄牙的一名記者結了婚。但很不幸，最終丈夫拋棄了她，她帶著出生僅四個月的女兒去了愛丁堡。在妹妹的幫助下，靠政府的租房補貼租賃了公寓的一間房子，她便在廚房的桌上完成了第一部作品的手稿。後來她總在她妹夫公司的一個咖啡廳裏繼續她的創作，在女兒熟睡的時候，專心她的寫作。就這樣，一九九七年六月二十六日，她的第一部作品出版了，一問世就引起了轟動。這就是暢銷書科幻小說《哈利・波特與魔法石》。一九九八年、一九九九年、二

○○○年和二○○三年這個系列小說的後四部陸續推出，一股「哈利・波特」的熱潮在全世界迅速生成。如今，她的作品已被譯成六十多種語言，在二百多個國家和地區行銷二億多冊。

一個能控制自己意志力的人，會具有推動社會的偉大力量。這種巨大的力量可以實現他的期待，達到他的目標。如果一個人的意志力堅固得跟鑽石一樣，並以這種意志力引導自己朝著目標前進，那麼所面對的一切困難，都會迎刃而解。

做人做事，要拿出果斷來

世間最可憐的人就是那些做不了自己主人，無法控制自己的思想和情緒的人。如果有了事情，一定要去和他人商量，不取決於自己，而取決於他人，這種意志不堅定的人，既不會相信自己，也不會為他人所信賴。

有一個六歲的小男孩，一天在外面玩耍時，發現一個鳥巢被風從樹上吹落在地，從裏面滾出了一隻嗷嗷待哺的小麻雀，小男孩決定自己把牠帶回家餵養。

當他拿著鳥巢走到家門口的時候，他突然想起媽媽不允許他在家裏養小動物。於是，他輕輕地把鳥巢放在門口，急忙走進屋裏去請求媽媽，在他的哀求下媽媽終於破例答應了。

小男孩興奮地跑到門口，不料小麻雀已經不見了，只看見一隻黑貓正在意猶未盡地舔著嘴角，小男孩為此傷心了很久，但從此他也記住了一個教訓：只要是自己認定的事情，絕不可優柔寡斷。這個小男孩長大後成就了一番事業，他就是微軟總裁比爾・蓋茲。

做人做事要拿出果斷來，特別是對於一個思想成熟的成年人而言。假如說，一個人做人做事，都是那麼的猶猶豫豫，或是疑神疑鬼的，那麼此人實在是不值得人們去尊敬。

一個人如果能擁有一種無論是任何事，都能以一種瀟瀟灑灑和灑脫傲然的態度去面對人生中的風吹雨打、日曬雨淋，那麼此人就一定是堅強無比，他就會擁有淡泊一切，笑傲人生的勇氣和一顆果敢堅強的心。

拿得起來，就要放得下，我們自己要做情感的至高統治者。這不僅是人們的一種良好的處世哲學，也是在這個瞬息萬變的社會空間裏能否生存，或者說是活得更為從容的一種自我鞭策。一旦拿起來了，就要懂得如何放得下。在人生的漫漫旅途中，不論沿途所遇到的是美麗風景，還是烏煙瘴氣，這都是最好保護自己不受傷害的方法。

拿得起，就必須堅定的放得下；拿得起，就不要猶豫不決，不捨得放下，也是為了今後能過得更美好，堅強的放得下。

專注才能有所收穫

有一隻兔子天生就很會跳躍，所以牠一直以跳遠第一名的榮譽，感到無比自豪和光榮。一天，小森林的國王宣布要舉辦運動大會，來提倡全民運動。

於是，兔子就報名參加跳遠項目；果然兔子擊敗了雞、鴨、鵝、小狗、小豬等動物，再次得到跳遠金牌。

後來，有一隻老狗告訴兔子：「兔子啊，其實你的天分資質很好，體力也很棒，你只有得到跳遠一項金牌，實在很可惜；我覺得只要你好好努力練習，你還可以得到更多比賽的金牌啊！」

「真的啊？你覺得我真的可以嗎？」兔子似乎受寵若驚。

「沒錯啊，只要你好好跟我學，我可以教你跑百米、游泳、舉重、跳高、丟鉛球、馬拉松……你一定沒問題啊！」老狗說。

在老狗慫恿之下，兔子開始每天練習跑百米，早晚也跳下水游泳，游累了才上岸，上岸之後開始練舉重；隔天，跑完百米趕快再練跳高，甚至撐著竿子不斷往前衝，也想在撐竿跳中奪冠。

接著，又丟鉛球，也跑馬拉松……。

第二屆運動大會又來了，兔子報名了很多項目，可是牠跑百米、游泳、舉重、跳高、丟鉛球、馬拉松……沒有一項入圍，連以前他最拿手的跳遠，成績也退步了，在初賽就被淘汰。

現代人的通病就像這隻兔子一樣，用心不專，心太大、心太雜，難以做到心無旁鶩。真正靜下心來專注地做好一件事的人太少太少，面對五彩繽紛的世界，往往應接不暇，面對形形色色的誘惑，往往難以拒絕，患得患失，貪得無厭，眼花繚亂，手忙腳亂，總想得到更多，總想收穫更豐。到頭來無不驗證了老子那句名言：「五色令人目盲，五音令人耳聾，五味令人口爽。」是的，凡是成功者都是智商正常，情商超常。我們要學會排除干擾，拒絕誘惑，真正靜下心來專注地做好一件事，這樣成功會離我們越來越近。

英國的一位動物行為專家深入狼群，與狼打成一片。在歷時四年的時間裏，他不僅能聽懂狼語，能說狼話，使自己成為一名「狼人」。而且組織了一支狼團隊，使自己成為一名獨一無二的「頭狼」。在幾乎要忘記怎樣說人話的時候，他返回到人類世界。他帶回來有關狼珍貴的第一手資料，也使得自己在這一領域成為真正的專家。

你專注嗎？你執著嗎？且讓我們記得：必須多專注地去學習專注！

好高騖遠、分散專注是成功的大忌！專精、專業在自己領域，才是成功的保證。

我們這一生，不一定要拿博士學位，但一定要成為專家；因為，不管是從事哪一個行業，都要成為頂尖的專家，才能出類拔萃、出人頭地。

目標，邁向成功的方向

人生之路，很大程度上取決於人生的目標。確定目標，就是定位人生；實現目標，就是昇華人生。

如果要使人生的每一步都走得充實充滿意義，就要給自己確定目標；如果想過的是前輩子無怨後輩子無悔的日子，就要努力去實現自己的目標。

一九五三年，美國耶魯大學對畢業的學生進行了一次有關人生目標的研究調查。在開始的時候，研究人員向參與調查的學生們問了這樣一個問題：「你們有人生目標嗎？」對於這個問題，只有一〇％的學生確認他們有目標。

然後，研究人員又問了學生第二個問題：「如果你們有目標，那麼你們是否把自己的目標寫下來呢？」這次，總共只有三％的學生回答是肯定的。

二十年後，耶魯大學的研究人員在世界各地追訪當年參與調查的學生，他們發現，當年白紙黑字把自己的人生目標寫下來的那些人，無論從事業發展還是從生活水準上看，都遠遠超過那些沒有這樣做的人。這三％的人所擁有的財富居然超過了餘下九七％的人的總和。

擁有人生目標，就有了生生不息的動力，就有了明確奔跑的方向，就有了披荊斬棘的勇氣，就有了抵制誘惑的毅力，去塗寫人生的畫卷，留下美好的記憶。

沒有人生目標，就如同盲人騎瞎馬，半夜臨深池；就如同飛機失去了航道，輪船失去了航線；就如同鳥兒失去了翅膀，花兒失去了陽光，隨波逐流，昏昏度日。

在人生的戰場上，我們經常為平庸者成功和聰明人失敗而感到驚訝。那些看似愚鈍的人有一種堅強的毅力，一種在任何情況下都堅如磐石的決心，一種從不受任何誘惑不偏離自己既定目標的能力。相反，那些聰明卻不堅定的人，往往沒有一個明確目標，四處出擊，結果分散精力，浪費才華。

大海是航船的目標，天空是鴻鵠的目標，果實是花朵的目標，驛站是飛車的目標，工作是學習的目標，成功是奮鬥的目標，高尚是修身的目標，幸福是受苦的目標，精彩的外面世界是我們不惜背井離鄉而風雨兼程的目標，閃亮的錦繡前程是我們無怨無悔地磨礪自己的宏偉目標。因為我們富有期盼，等待才不覺無奈；因為我們常常到期收穫，耕耘才不辭辛勞。

目標，是我們在苦樂人生中，堅強活著的一種動能。在漫漫的人生路途上，只要我們每個人都有了一個清晰的目標，並為之努力，我們就一定能夠取得成功。

鑰匙八：

把信送給加西亞—阿爾伯特·哈伯德

我們這個社會由各式各樣的組織構成，

企業、機關、學校、事業單位、文化團體等。

通常，組織的決策者都要絞盡腦汁，才能思考出組織運轉的方向，並發出指令。

他所期望的是，他所發出的指令得到不折不扣的執行，

並發揮應有的作用，進而取得滿意的結果。

而事實上呢？決策者發出的指令，常常都達不到他所期望的效果。

問題出在哪裡呢？出在執行上面。

每一分鐘，每一秒鐘，都有大量的智力成果被浪費。

組織的決策者熬白了頭髮，他的指令卻一個又一個化為泡影；

組織顧問們思考得滿臉皺紋，他們的方案卻沒有起到預期的效果。

那些自以為聰明過人的執行者，卻個個都如來自遠古時代，

無法與當今時代的智慧達成共識，無法理解這些當今時代的智力成果。

更為氣憤的是，他們即使能夠達成共識，能夠理解，卻不願意去認真執行。

在這種時候，決策者們，組織的主管們，

怎能不懷念那個把信送給加西亞的人，

那個不折不扣的完成指令「把信送給加西亞」的人—安德魯·羅文呢？

熱情是推動工作的激情和動力

熱情是一種精神，是一個人把自己所有的能量自動的發揮出來，去完成自己內心渴望既定目標的行為。偉大人物對使命的熱情可以譜寫歷史，普通人對工作的熱情可以改變自己的人生。美國文學家愛默生曾寫道：「沒有熱情是做不成大事業的，熱情的付出與成功的收穫成正比，有志者在追求成功的過程中，總是懷有極大和持久的熱情，所以他們能夠成功。」前美國通用電氣集團CEO韋爾許在總結二十年的CEO經驗時認為：成功者共有的一個品質就是他們比別人更有激情。

熱情是對工作的態度和責任。只有對工作熱情，才會把做好工作視為自己的責任和使命，始終保持旺盛的工作鬥志。著名發明家愛迪生曾說：「熱情是能量，沒有熱情，任何偉大的事情都不能完成，如果一個人不負責任，那他一定不會有大的作為。」高昂的工作態度來自於強烈的責任心，責任心能確保一個人盡己所能把工作做到自己滿意為止。

我們在某個公司裏平平穩穩地工作著時，常常忽視這份工作對我們自己生存和家人溫飽的重要性，而常常把更多的精力放在計較工作得失，計較回報上面。我們總覺得自己付出的太多，得到的太少，總覺得別人比我們更輕鬆，別人得到的更多。我們在潛意識中認為，擁有這份工作是理所當然的，得到越來越多的回報也是理所當然的。

這種心態，使得我們不快樂，使得我們沒有工作激情，使得我們不肯全身心投入到工作中，我們抱怨，我們滿腹牢騷，我們得過且過，我們相互推委。受損的是誰呢？公司的主管或者所有者當然受到損失，因為我們沒有創造價值，但難道我們自己就沒有損失嗎？公司因為我們不努力而沒有收益，我們又從哪裡去獲取收益呢？公司因為我們不努力而走向衰亡，我們又怎麼可能從公司中找到謀生的職位呢？並不是每一個人都是才華橫溢，並不是每一個人都能很快從一個公司跳入另一個公司，如果這個公司衰亡，而你不能進入另一個公司時，對你而言就意味著失去生活來源；對你的家庭而言，就意味著失去生存保障。

熱情是推動工作的激情和動力。一個人有熱情才有激情，有激情才有動力，有動力才能全身心地投入工作。熱情成就事業，熱情是強化執行的有效保證。如果我們把對工作的熱情放在心裏，我們不僅快樂了，而且為公司創造效益，同時為自己創造了價值，讓自己得到了回報，這是多麼好的良性循環啊！

主動性，優秀員工的顯著標誌

近年來，美國麥肯錫企業管理顧問透過對全球最卓越的企業，包括貝爾實驗室和3M等公司近十年的研究，終於發現了令人吃驚的結論：要成為一名優秀員工，你無需有多高的智商、情商等，而是要首先具備一種精神，那就是主動性。在主動性的基礎之上，再改進你的工作方法，每一個人都能夠成為明星員工。

主動性既是「把信送給加西亞」的奧秘，也是優秀員工的奧秘。

一流的企業員工應該具有做企業主人的積極心態。那麼，什麼是主人的心態？所謂主人的心態就是無論老闆或者主管在不在，無論公司碰到什麼困難，你都能盡心盡力，協助企業創造最大的財富。

任何一個企業都迫切地急需要那些主動，負責的員工。主動性是優秀員工的顯著標誌。優秀的員工往往不是被動地等待別人安排工作，而是主動的瞭解自己應該做什麼，做好計畫然後全力以赴的完成。主動工作，積極進取的員工，才可以儘快在職場中找到自己的位置，並獲得成功。

傑克遜是堪斯亞建築工程公司的執行副總，幾年前他是一名送水工，被堪斯亞一支建築隊招聘進來的。傑克遜並不像其他的送水工那樣把水桶搬進來之後了事，他會給每一個工人的水壺倒滿水，並在工人休息時纏著他們講解關於建築的各項工作。不久，這個勤奮好學的人引起了建築隊長的注意。兩週後，傑克遜當上了計時員。當上計時員的傑克遜依然勤勤懇懇地工作，他總是早上第一個來，晚上最後一個離開。由於他對所有的建築工作，比如打地基、砌磚、刷泥漿都非常熟悉，當建築隊的老闆不在時，工人們總喜歡向他詢問。老闆決定讓這個肯動腦又能幹的年輕人做自己的助理。後來，他成了公司的副總，但他依然特別積極主動地工作。

傑克遜沒有什麼驚世駭俗的才華，他只是一個普普通通的送水工，一個窮苦的孩子，但是憑著主動思考、積極工作的美德，幸運地被老闆賞識。

成功者和失敗者的區別就在於：成功者無論做什麼工作，都會積極主動、用心去做，並力求達到最佳的效果，不會有絲毫的放鬆；失敗者在做工作時，卻常常輕率敷衍、得過且過。

在今天這個全球競爭的時代裏，想要在事業上獲得成功，必須努力培養自己的主動意識，在工作中要勇於承擔責任，主動為自己設定工作目標，並不斷改進方式和方法。請切記：**只有積極主動的人，才能有在瞬息萬變的競爭環境中贏得成功！**

學會揣摩主管的意圖

一個下屬必須具備善於預料和揣摩主管心理意圖和意願的能力，更確切地說是一種心理分析的能力。

我們常說：我又不是你肚子裏的蛔蟲，我怎麼知道你在想什麼？其實，不是你不是他肚子裏的蛔蟲，只是你沒有用心觀察他的舉動，沒有用心揣摩他舉動背後的心理原因。一個人的心理必然會在他的行為舉止上表現出來，關鍵是看你有沒有用心去揣摩它。同樣的，你必須也要擁有這樣的心理，才能觀察到主管的舉動，否則，即使你注意到主管的舉動，你也一樣揣摩不出主管的真實意圖是什麼。

每個人在不同的環境下都會有不同、複雜的心理狀況。比如，一個主管在面對自己的下屬時，有時是為了顯示自己的權威，有時是有意考驗下屬的能力，有時是刻意給下屬出難題等等。

在不同的情況下，他的心理狀態是截然不同的。那麼，身為一個下屬，就要學會在不同的情況下用心揣摩主管的真正意圖，分析主管之所以這樣做的真正心理，這樣你才能夠正確地領會主管的想法，才不會背離主管的真正意圖，才能把工作做好，才能想主管所想，甚至把工作做到主管的前頭，爭取更多的時間。

在工作中，應該認真地思考遇到的每一個問題，認真體會主管的心思，只有真正領會了主管的意圖，才能意識到自己的決策是不是可行，自己的計畫是否有漏洞，還有哪些需要修改。

做個忠誠的員工

忠誠不是一個簡單的概念，也不是單向的付出。員工的忠誠不是愚忠，不是簡單地為企業效命，而是要首先忠誠於自己的職責和事業，把自己的職責、事業與企業的發展結合起來。

另一方面，忠誠固然可貴，但不等於有了忠誠就有了一切，真正的忠誠是有能力的忠誠，是為了自己的忠誠而努力提高自己。

在《聖經》中，就有這樣一個以忠誠及完美為主題的故事。《馬太福音》中說道：「一個主人要去國外，就叫了僕人來，把他的家業交給他們，按照各人的才能分配給他們銀子：一個給了五千銀子，一個給了二千銀子，一個給了一千銀子，主人便往外國去了。那個領了五千銀子的人隨即拿錢去做買賣，另外賺了五千銀子；那領二千銀子的也照樣另賺了二千銀子；但那領一千銀子的去掘地，把主人的銀子埋起來了。過了許久，那些僕人的主人回來了，和他們結算。那領五千銀子的又帶著另外的五千銀子來，說：主人啊，你交給我五千銀子；請看，我又賺了五千銀子。那領二千銀子的也來，說：主人啊，你交給我二千銀子；請看，我又賺了二千銀子。主人說：好，你們是既善良又忠心的僕人，我要把許多事交給你們管理。最後，那領一千銀子的也來，說：主人啊，我知道你是要強的人，沒有種的地要收割，我就害怕，把你的一千銀子埋藏在地裏。請看，你原來銀子在這裡。主人回答說：你這又笨又懶的僕人，你既知道我沒有種的地要收割，就當把我的銀子放給兌換銀錢的人，等到我回來的時候，也可以連本帶利收回。於是主人拿走他這一千銀子，交給那二千銀子和五千銀子的僕人。」

這個可憐的僕人認為自己沒丟失主人給的一分錢，已經做了忠實的員工，就算完成任務了，主人就會讚賞他。然而他的主人卻並不這麼認為，他希望他的僕人能夠優秀一些，而不僅僅是做到忠誠，要做有能力的忠誠，才會贏得老闆的心。他想讓他們拒絕平庸，追求卓越。其中有兩個僕人做到了，他們使錢增值了，而那個愚蠢的僕人得過且過，沒有任何作為。

做個忠誠的員工，是信念，是態度，更是行動。我們要充分認識自己所具備的素質，以及分析自身的優勢並把這一優勢與忠誠結合起來，為自己未來的前途爭得有利的資本，最終得到忠誠給予我們的最大回報。我們每個人應該捫心自問：「我是能把信送給加西亞的人嗎？如果我僅僅知道他在古巴的叢林中，我能夠找到他嗎？如果我不認識他，也不知道他在哪裡，我能把信送給他嗎？」只要你明白，有志者，事竟成。只要你抱著一顆忠誠的心去追求目標，你就一定能成功。

與其獨斷專行，不如與人合作

合作並不等同於友誼、愛情和婚姻，合作的目的不是去博取情感，而是要取得利益和好處。我們應該知道，成功有賴於他人的支持與合作，我們的理想與我們自己之間有一道鴻溝，要想跨越這道鴻溝，必須依靠別人的支持與合作。

合作，在那些妄自尊大的人眼裏，它或許是件軟弱或可恥的事情，但在洛克菲勒看來，合作永遠是聰明的選擇，前提是只要對我有利。要想讓別人怎麼待你，你就怎麼待別人，建立在生意上的友誼遠勝過建立在友誼上的生意。往上爬的時候要對別人好一點，因為你走下坡的時候會碰到他們。

洛克菲勒說：「我之所以能跑在競爭者的前面，就在於我擅長走捷徑──與人合作。在我創造財富之旅的每一站，你都能看到合作的站牌。因為從我踏上社會那一天起我就知道，在任何時候，任何地方，只要存在競爭，誰都不可能孤軍奮戰，除非他想自尋死路，聰明的人會與他人包括競爭對手形成合作關係，借他人之力使自己存在下去或強大起來。」

比爾・蓋茲，一九七三年進入哈佛大學法律系學習，十九歲時休學，與同伴保羅・艾倫創辦電腦公司，直到後來創辦了微軟公司，自任董事長、總裁兼首席執行官。楊致遠和戴維・費羅同在史丹佛大學從事研究，兩個人邂逅並結交成了最佳搭擋，創辦了聞名於世的雅虎網路公司。賈伯斯發明「蘋果」電腦，也是與人合作創造出輝煌成績的。創業中至少兩人是忠誠搭檔，共創大業成為一種「現象」。給予我們的啟示是，當創業之初「踩著地雷」向前走時，有個知音患難相伴，共同分享成功的風險和利益是明智之舉。

與人合作是一門藝術，處理得好大家發財，處理不好不但會產生煩惱而且還有可能反目成仇。

蘋果公司和它的長期合作夥伴Adobe系統公司的關係，正因iPhone而跌至冰點。蘋果計畫推出iPhone軟體工具，很多業內人士此前預計蘋果將於這一天宣布為iPhone加入Flash支持。但賈伯斯的一番表態讓所有人感到意外。賈伯斯表示，iPhone堪稱是當前最先進的手機，Adobe開發的手機版Flash播放器遠遠不能滿足它的需求。Adobe為筆記型電腦等設備開發的Flash播放器可以滿足要求，但在iPhone上運行的速度過慢。他說：「在左右為難的情況下，我們選擇了寧缺毋濫。」

在iPhone的成長歷史中，蘋果對合作夥伴的諸多條件，已經令多個潛在合作方退避三舍，其中包括VerizonWireless等。現在看來，同樣的問題正困擾著蘋果與Adobe的合作關係。

生命的本質就是抗爭和競爭，它們激動人心。但是，當它們發展為衝突時，就往往具有毀滅性和破壞性，而適時的合作則可化解它們。我們要珍惜與合作夥伴的機會，借助他們的力量來實現自己的夢想，要善待自己的合作夥伴，只有這樣，我們的路才能越走越寬。

主動解決問題，勇於承擔責任

責任是最根本的人生義務，只有承擔責任，人才會變得強大。社會學家戴維斯說：「放棄了對社會的責任，就意味著放棄了自身在這個社會中更好生存的機會。」同樣，如果一個員工放棄了對公司的責任，也就放棄了在公司中更好的發展機會。所以，要杜絕敷衍、推卸、不求甚解、嫁禍他人等一切不良行為，做個積極承擔責任、勇於面對問題的人。

送信人的本來目的，是想透過辯解來證明自己沒有錯，來取得寫信人的諒解。事實上，這不僅不能達到目的，反而破壞了自己在寫信人心目中的形象，給寫信人一個不敢面對現實，不敢承認自己的失誤，不敢承擔責任這樣的一個壞印象。

任何一個寫信人要的都不是藉口，而是把信送到加西亞手中這一結果，沒有一個寫信人喜歡一個總為自己找藉口的送信人，你經過辯解，可能在這一次失誤中逃避了處罰，但你可能永遠也得不到送信的機會了。

命運總是厚待那些勇於面對問題、自動承擔責任的人。責任能夠讓一個人具有最佳的精神狀態，精力旺盛地投入工作，並將自己的潛能發揮到極致。責任就是對工作出色的完成，責任就是忘我的堅守，責任就是人性的昇華。

世界上沒有做不好的工作，只有不負責任的人。世界上沒有不能解決的問題，只有不肯付出努力的人。

拿破崙・希爾曾聘用一名年輕女孩當助手，替他拆閱信件並進行分類。她的薪水與從事相關工作的人是相同的，但她的工作態度卻與眾不同，因為她總是用最嚴格的標準來要求自己。晚飯後，她常常又回到辦公室繼續工作，不計報酬地做一些並非自己分內的工作，譬如替老闆給讀者回信。

她認真研究拿破崙・希爾的語言風格，以至於這些回信和拿破崙・希爾本人寫的一樣好，有時甚至更好。她一直堅持這樣做，並不在意拿破崙・希爾是否注意到自己的努力。終於有一天，拿破崙・希爾的秘書因故辭職，在挑選繼任人選時，他自然而然地想到了這個女孩。女孩成功地獲得了這個職位。

卓有成效和積極主動的人，他們總是在工作中積極承擔責任，主動解決問題。那些每天早出晚歸的人不一定是認真工作的人，那些每天忙忙碌碌的人不一定有優秀的績效，那些每天按時打卡、準時出現在辦公室的人不一定工作沒有失誤。對於任何一個公司，它需要的絕不是那種僅僅遵守紀律、循規蹈矩、缺乏熱情和責任感的員工，而是需要積極主動、自動自發地去投入熱情的員工。

不要以這不是我的職責、老闆沒要求我這麼做為理由，推卸責任，置身事外，而應該抱著「公司的事就是我的事」的工作信念，為公司的發展著想。責任和熱情，會給你一雙發現問題的慧眼，給你進取的力量，使你總能想出別人想不到的好辦法。在解決問題、提升績效的過程中，責任常常比能力更重要。

在工作中不斷學習

學習是每個人的必修課，是縮小自己與優秀分子差距的最快最好的辦法，也是實現職業瓶頸突破的最為行之有效的方法。

現在我們處於知識經濟時代，知識改變命運，知識創造財富的例子越來越多地呈現在我們的面前。每個人所要做的就是快速地改變自己，加入到學習的行列，不斷豐富自己的知識體系，改善知識結構，使自己成為知識型的人才。

馬來西亞華裔上訴庭大法官拿督威拉劉國民自從十二歲以後，每隔十二年，都是他生命中的一個轉折點。這不是偶然，與他孜孜不倦的學習密不可分。

二十四歲那年，他在大馬政府獎學金資助下畢業於倫敦林肯法學院；三十六歲時，再獲得政府獎學金赴倫敦大學完成法學碩士，回來後就任地庭法官；四十八歲當上司法專員，出任高庭法官至今。現年六十歲的他，在提升名單中，成為唯一新受委的華人上訴庭法官。

滿頭白髮，眼角卻透露出順應天命，又不忘個人努力的人生智能，他說：「雖然說順其自然，但人生不能停頓，要不斷學習。」這正是劉國民所堅持的。他說畢業後他曾當過教師，過了一段日子令他感覺人生在停頓，於是決定深造，尋找另一個春天。唯有不斷充實自己，學習新知，才能夠跟上全球化的步伐，不至於落後。

一個人原來的能力大小並不太重要，而他的學習能力、悟性則很關鍵，不善於學習的人或學習得太慢的人，會很快被擠出人才的行列。人生要不斷學習，學習創新無止境。隨著就業壓力越來越大，充電是每個職場人的必修課。

學習的途徑有很多，學習型組織是一種，讀書也是一個很好的選擇。有針對性地選擇一些專業書籍和管理書籍，在工作之餘閱讀，吸收最新最前沿的知識，改善自己的知識結構和知識體系，補充知識養分，更好地服務於本職工作和自己的職業生涯設計。書是人類進步的階梯，讀書的過程就是和專家對話的過程，書裏凝結了專家、學者、優秀分子的知識精華。透過讀書，我們可以輕鬆地獲取專家、學者的經驗所得，進而指導自己更好、更正確地做好本職工作。

為了更好地完善自己的職業生涯，更好地實現人生的目標，我們在工作中需要不斷努力，不斷學習，不斷完善和超越自我。

毫無怨言地接受任務

我們時常抱怨命運的不公，時常為他人的高官厚祿憤憤不平。捫心自問，你真的如安德魯・羅文給加西亞送信的故事，每一次安排你「送信」的時候，你把「信」送到了嗎？你是一個能把「信」交給「加西亞」的人嗎？如果你這次沒把「信」送到，下一次誰還會讓你送？沒有人讓你送「信」，你如何能從「中尉」晉升為「上尉」？不要再怨聲載道了。

退一步說，即使在職場上受到不公平待遇，也要將自己的心態擺正。不論老闆交給什麼樣的任務，都要盡心盡力，全力以赴做好，因為我們並無任何權力要求別人為我們無條件服務。所以，只有對周圍的點滴關懷，或任何工作機會都懷有強烈的感恩之情，並與周圍的人和睦相處，我們才能工作得更加順利，所獲得的幫助也會更多，工作也能更出色，就像古人所說的：「逆水行舟，不進則退」。

員工能夠毫無怨言地接受任務，就是服從主管自動自發地優秀表現。一個員工想發揮自己的主動性，首先應該從思想上就有一個主動的意識。思想是行動的先導，思想上有主動意識之後，就為行動上的主動奠定了基礎。行動上要服從思想上的主動，不能只是思想上有主動的意識而行動上沒有，只有思想上與行動上的統一，才是真正的能夠主動工作的優秀員工。

珍妮和同學彼特畢業後進入同一家大公司就職。雖然是同樣的學歷，同樣欠缺經驗，但是，彼特的職位卻比珍妮高一級，薪水也高許多。慶幸的是，珍妮並沒有因為這種不公平的待遇而心生不滿，仍然認真負責地做好每一項工作，並且還主動做一些自己工作範圍之外的事情，幫助同事解決問題，給主管提供一些新的意見等等。

因為，在畢業的時候，她的導師這樣對她說：「無論遇到什麼樣的老闆，都要感謝他給予你發展的機會，盡心盡力地為他工作。這樣做，表面上有益於你的老闆，其實最終受益的還是你自己。」珍妮將這些話牢牢記在心裏，毫無怨言的工作。最終，坐上了總經理的位子。

如果在接到送信任務時，很多送信人思考的是：寫信人能給我什麼？

我送了這封信，送信人能給我增加薪水嗎？

我送了這封信，送信人會晉升我的職位嗎？

或者沒有得到寫信人明確的承諾時，很多送信人會在工作激情和工作質量上打折扣，或者走一步看一步，看寫信人是不是有所表示，並進一步根據表示的多少來決定送信任務的完成質量。

這是多麼危險的行為啊！

我們應該換一種角度思考，我們能夠安穩的生活，是因為有一個安穩的工作；我們能夠享受快樂的人生，是因為送信給我們帶來穩定的收入。

所以，我們必須毫無怨言的接受任務，懷著一顆感恩的心去送信。只有這樣，大家才能受益。

勇於承認自己的錯誤

「人非聖賢，孰能無過。」如果你肯主動承認自己的錯誤，這不僅僅可以滿足對方強烈的自尊心，而且也會為自己品格的高尚而感到快樂。切記：承認自己的錯誤不是恥辱，而是真誠的表現。

一個有勇氣承認自己錯誤的人，也可以得到某種滿足感。這不僅只是消除罪惡感和自我辯護的氣氛，而且有利於解決實質性問題。

布魯士・哈威是新墨西哥州阿布庫克市一家公司經理，他在給一位請病假的員工核准薪水時犯了個錯誤，給了他全薪。他發現這個錯誤之後，立刻找總經理請求分期扣除多發的薪水。「我知道這樣做，會使老闆大為不滿。」哈威說，「當我考慮如何更好地處理這個問題時，我意識到這一切都是由我的粗心造成的。因此我必須向老闆承認錯誤。我走進老闆的辦公室，把這錯誤告訴了他，但他大發脾氣地說這應該是人事部門的錯誤，是財務部門的錯誤，責怪辦公室另外兩個人，而我堅持說這是我的錯誤。」最後，他對我說：「那你就去改正這問題吧！」結果，這個錯誤改正過來了，而且沒有給任何人帶來麻煩。從那以後，老闆反而更重視我了。

勇於承認自己錯誤的人，都會獲得別人的諒解，給人以謙恭和高尚的印象。

例如，美國歷史上記載的一個極好的例證，便是關於李將軍的一件事：他把畢克德進攻蓋茲堡的失敗完全歸咎於自己，並為此而負責。歷史上所有的將領中，很少有人具有他這種勇氣和情操，承認自己的過失。

如果你錯了，就要迅速坦誠地承認。聰明的人是勇於承認自己錯誤的人，愚蠢的人則會極力為自己的錯誤辯護。

為自己的失敗尋找藉口，是送信人最容易犯的另一個錯誤。送信人的本來目的，是想透過辯解來證明自己沒有錯，以取得寫信人的諒解。事實上，這不僅不能達到目的，反而破壞了自己在寫信人心目中的形象，給寫信人一個不敢面對現實，不敢承認自己的失誤，不敢承擔責任這樣的一個壞印象。

你失誤了，就證明你不是十全十美。為什麼不勇敢地面對自己的失敗和不足呢？尋找藉口的人生，是失敗的人生。藉口越多，敗得越慘。與其找一大堆藉口，不如坦誠地剖析自己的失誤，為一次送信總結出有用的經驗。

一位名人曾經說過：「人們勇於在大眾面前堅持真理，但往往缺乏勇氣在大眾面前承認錯誤。」有些人一旦犯了錯誤，總是列出許多的理由來掩蓋自己的錯誤，這無非是「面子」在作怪，他們以為一旦承認自己的錯誤，就傷了自尊，丟了個人面子。這種想法，無異於在製造更多的錯誤，來保護第一個錯誤，真可謂錯上加錯。

年輕的朋友們，假如你發現了自己的錯誤，你就應該儘快地承認自己的過錯，這不僅絲毫不會有損於你的尊嚴，反而會提升你的品格魅力。

釋放工作壓力，遠離倦怠情緒

壓力是生活和工作中的一部分，是真實存在的。每個人在工作中都會承受著諸多壓力，內心不得放鬆，這直接影響了工作的愉快心情。如果不想被工作弄得苦不堪言，並保持一分從容，一分悠閒心情，那就要想辦法解決這種困擾，學會釋放工作壓力。

從心理學的角度來看，壓力會造成特別的生理反應，但並不是所有的壓力都是令人感到不快。積極樂觀的人對壓力能坦然接受，即使面臨巨大的工作壓力也依然過得輕鬆自在，毫無倦意。適當的壓力不僅有利於肌體，也有利於心理上的平衡。明白了壓力的積極意義，我們就能夠正視工作中的壓力，對其有一個正確的看法，並學會接受某些壓力，將其轉化為動力，以此促進工作的完成，放鬆自己的身心。

所以要想減輕工作上的壓力，就要學會用適當的方式發洩。

一位美國心理學家講述，他的一個朋友在公司裏的人緣很好，這位朋友性情很好、待人和善，幾乎沒人看他生過氣。有一次發現他正在頂樓上對著天上飛過來的飛機吼叫，於是好奇的問他原因。這位朋友說：「你看，我住在機場附近，每當飛機起降時都會聽到巨大的噪音。後來，當我心情不好或是受了委屈、遇到挫折想要發脾氣時，我就會跑上頂樓等待飛機飛過，然後對著飛機放聲大吼。等飛機飛走了，我的不快、怨氣也被飛機一併帶走！」

怪不得他脾氣這麼好，原來他懂得如何適時宣洩自己的情緒。所以說，工作上有些不開心的事，不妨把它說出來，這樣能夠緩解壓力，調節情緒，安慰自己，從中得到精神上的鼓舞，擺脫心理負擔。心理學家研究表明：自言自語就是一種最健康解決精神壓力的方法，是一種行之有效的精神放鬆術。

當你受到上司的批評，心中憤憤不平時，可以一個人躲起來獨自控訴：哼！有什麼了不起！你也有犯錯誤的時候，就算我有點不對，也不必這樣盛氣凌人嘛！我根本沒興趣理你！一番喃喃自語，氣也順了，怒也消了，還是努力工作吧。

每個人在工作中都會承受著諸多壓力，內心不得放鬆，這直接影響了工作的愉快心情。如果不想被工作搞得苦不堪言，並保持一分從容，一分悠閒心情，那就要想辦法解決這種困擾，學會釋放工作壓力。

總之，工作中許許多多不愉快的事發生後，可以用自我抒發的方式對著自己說一遍，可以是傾訴，也可以是發牢騷，甚至是宣洩，這些都可以緩解你壓抑、緊張的心情。在思緒紊亂，工作緊張之時，自己聲音的聲調有一種使自己鎮靜的作用。既能起到「一吐為快」的效果，又能專心於發洩而減少對別人的侵犯行為，使你能很快的走出陰影，積極投入到工作中去。

鑰匙九：

激發自己的無限潛能—安東尼・羅賓

在我們每個人的生命中，都會面臨一些因為害怕而做不到的時候，
因此也只能畫地為限，使無限的潛能化為有限的成就。
大多數人正是由於不瞭解人體的機能，
不相信自己可以赤足走過火堆而不受傷害，才畏縮不前。
那些接受安東尼・羅賓短期訓練的人，
在最後平安走過火堆以後，人生觀念無不發生了重大變化，
因為原先認為根本做不到的事情，竟然輕易就可以達成。
由此看來，人的局限性正是由於人們自己在觀念上局限了自己。
「大多數的人想改造這個世界，但卻少有人想改造自己。」這是托爾斯泰的名言。
我們如果不把自己的能力激發出來，那麼如何去改造這個世界呢？
因此，我們需要調整思維，
使自己在情緒和財政方面達到最佳狀態，以及獲得他人的合作。

激發無限的潛能

每個人渴望成功，但上天並沒有給我們一本成功指南，然而我們是有能力戰勝各方面的挑戰。其實，最好的成功指南就在我們每個人自己的身上，只不過我們沒有意識到，那就是潛能。我們每個人身上都蘊藏著巨大的潛能，但由於我們沒有進行有效的訓練，巨大的潛能只好「沉睡」在我們身體內。

我們每個人的潛能都是無窮無盡的，至於能發揮多少就全看我們對自我是怎麼看待的。不管你認定自己是個「窩囊廢」還是個「天生贏家」，都會馬上影響你對自己潛能的發揮，你會發揮出你所認定的一切天賦。

你知道嗎？如果一個人能夠發揮出自己大腦功能的一大半，那麼就可以輕易地學會四十種語言，背誦整本百科全書，拿十二個博士學位！這種描述雖然不夠精確，但是合情合理，一點也不誇張。

人的潛能是多方面的，體能、智能、心境、情緒反應等等。

人在危急狀況下爆發潛能或在某種潛意識作用下，夢想成真的潛能理論晦澀而難懂，這方面的事例神乎其神，人都是獨一無二的。使我們獨一無二的，是我們透過思想意識的作用而在自己的內部帶來變化的能力。我們對自己的認識、對自己的定位以及我們將要實現的目標，決定著我們在這個世界上的獨特位置，決定著我們潛能的發揮程度。

激發潛能從某種意義上說，就是積極應對現實，系統地挑戰自己，每天進步一點點，直至取得最大的成功。很多時候，成功不是等著天上掉下禮物，而是需要我們去認真計算的。毋庸置疑，潛能是人類最大卻又開發最少的寶藏！潛能猶如一座有待開發的金礦，價值無限，但是由於沒有良好的信念與訓練，絕大部分人都只能像最貧窮的富翁一樣，守著潛能的寶庫，卻不知如何運用。

然而，幾乎每個人都只開發了他所蘊藏能力的十分之一，與應當取得的成就相比較，我們不過是半醒著的，我們只利用了自身身心資源的很小一部分，這是美國心理學家詹姆斯的研究成果。

不論是誰，不論你所處的環境如何，只要你渴望成功並且發揮潛能，就會創造屬於自己的奇蹟。

探索自己的獨一無二之處

世界上的人，每一個都是與眾不同的。我們常常都會拿自己和別人做比較，然後得出一些結論，而且可能還會自卑，其實這是完全不必要的。我們都應該欣賞自己，因為我們每一個人都是獨一無二的。

嘗試著在一片森林中去做一株小草，也許渺小，卻比所有的參天大樹都更加鮮翠；嘗試著在天空中做一隻小鳥，也許弱小，卻比耀眼的太陽更加生機勃勃；嘗試著在花叢中做一片綠葉，也許平凡，卻是這茫茫花海中唯一的綠色；嘗試著在夜晚做一盞燈光，雖然微弱，卻比所有的星光都更加柔和。

也許有些人希望成為參天大樹、希望成為耀眼太陽、希望成為絢麗花朵、希望成為奪目星光。這些夢想都那麼美好而吸引著我們，但有時也會讓我們沮喪、讓我們自卑、讓我們覺得自己一無是處。不妨換一個角度，假如我們只想成為獨一無二的自己呢？

其實每一個人都可以活得很精彩、很美麗，只要他願意探索自己的獨一無二之處。

探索自己，就意味著你無需去擔心別人的眼光，因為你的獨特就是你的炫目之處；探索自己，就意味著你不必去追趕世俗的潮流，因為你的風格就是你的美麗之處；探索自己，就意味著你可以大膽的做你想要做的事情，因為你的想法就是你的特別之處；探索自己，意味著你可以只為自己而活著，只成為那個獨一無二的你。獨特，正是這世界上最美好的東西。

每個人生活的方式都是不同的，每個人生存的意義也是不同的。

當生活大門緊緊閉關時，你要記著：總有一把鑰匙屬於自己。有了這把鑰匙，你就可以解除阻礙自己前進的任何障礙，引領你走進人生的新天地。

與別人無關，與潮流無關，甚至與這世界都無關。我們所需要做的，只是努力去做一個更好的自己，探索自己的獨一無二之處，發揮自己的潛能，才是真正的美麗。

嘗試做自己且欣賞，只因為我們每個人都是獨一無二的自己。即使只是一株草，成不了高大的白楊又何妨？只要你認識到自己存在的價值，那就有意義了。雖不能防沙固堤，卻也能點綴大地，這就是存在的價值。

何必去羨慕別人的富足，貧窮依舊可以出棟梁；何必驚豔於別人的美貌，醜陋也同樣可以有貢獻；何必嫉妒別人的榮耀，平凡可以活得更好。

為你所沒有的懊惱，倒不如為你所擁有的自豪。每個人都是獨一無二的，與他所屬的那把鑰匙自然也是不可複製的。找到你自己的鑰匙，用心的去開啟你自己的宮殿。從現在起，你要自信自立，為夢想而努力奮鬥，充分的利用自己的鑰匙，挖掘自己獨一無二之處，去開啟成功之門吧！

激發潛能，從改變缺點做起

美國建國時期的偉人富蘭克林有一個習慣，每天晚上都把一天的情形重新回想一遍。他發現他有十三個很嚴重的錯誤，下面是其中的三項：浪費時間、為小事煩惱、和別人爭論衝突。

富蘭克林感覺除非他能夠減少這一類的錯誤，否則不可能有什麼成就。所以他一個禮拜選出一項缺點來搏鬥，然後把每一天的輸贏做成記錄。在下個禮拜，他另外挑出一個壞習慣，準備齊全，再接下去做另一場戰鬥。富蘭克林每個禮拜改掉一個壞習慣的戰鬥持續了兩年多。最後，富蘭克林成為美國歷史上最受人敬愛，也是最具影響力的人之一。

每個人身上都會存在一些不足或者缺點，知識不足、不良習慣、不善於交流、學習方法不得當……。但是，只要充分認識到並下定決心去想辦法改正缺點，將自己的優勢發揮出來，將自己的潛能激發出來，就能不斷完善自己。

哈尼斯民意調查顯示，每年收入高於十四・二萬美元，除房屋之外淨資產在五十萬美元以上的成功人士，多是些平淡、謹慎的中年人。他們非常重視家庭價值與工作倫理。八三％都是已婚，並且夫妻關係和諧，九六%皆是透過辛勤工作，而獲得今天的財富，也就是說他們都擁有拒絕享受的態度（這些人不貪一時之樂，因此能在未來達成所願）。八〇%的政治立場不是保守派，就是中庸路線，而且都不太重視物質。

換言之，他們的目標超越金錢。八五%的人說，他們最大的目標是養家（即責任心），只有一一%以擁有名貴轎車為其主要目標之一。對他們而言聲望及名氣並不如家庭、教育、事業或工作那麼重要；他們不追求刺激，但求快樂。他們的生活水準頗高，更重要的是，生活品質極佳。毅力、恆心、紀律及苦幹（全是後天習慣）改變了一切，他們的生活也得以健全均衡。

他們的形象是：苦幹、毅力，以及更重要的自律。這些人當中的大多數在成年之後都住在同一城鎮，只結過一次婚，到現在還沒離婚。他們住在中階住宅區，鄰居多是些財富遠不及他的人。由此可見，發揮潛能的人必須約束自己、改正缺點。

我們每個人的潛能都是無窮無盡的，然而能發揮多少，全看我們如何認識自我，戰勝自我。各種看法中，最重要的一項是你對自己的看法。你整天所談的事情，最具意義的也就是你對自己所說的話。強化優點，減弱缺點。天生我材必有用，找到自我、小處著眼、衝刺的決心；約束自己，改正缺點，承認自己的缺點反而能贏得好感。因此，如果你有缺點要有勇氣去承認它，從各種可能的管道尋求協助。只有從源頭上改正了缺點，才能發揮出自己的潛能。

勇於超越自我，挑戰極限

一粒種子如果不衝破泥土就永遠無法長成參天大樹，一隻蝴蝶如果不衝破繭就不會飛舞於萬花叢林中，一塊礦石如果不能忍耐高溫是不會成為鋼鐵，一塊石頭如果不經過千錘百鍊是不會成為燦爛奪目的鑽石。

人生活在世界上也是如此，只有挑戰生命的極限，擁有堅韌的心你才能超越平凡，成就輝煌。勇於挑戰極限，超越極限，那麼成功的就是你。挑戰極限，成就參天大樹；挑戰極限，贏得一片喝采；挑戰極限，成就人生的美好，挑戰極限就是完成不可能的可能。

我們在工作中，不敢打破陳規，不去努力，不去嘗試，最後只能碌碌無為；但是，不甘於現狀的我們，要有置之死地而後生的勇氣，方可贏得自己想要的未來。

我們沒有理由不尊敬勇者，因為他們不斷的挑戰極限，勇於開拓，不斷的創出寬闊的未來。但是，我們大多數的人卻只習慣雞籠般的生活而不願意改變，然而我們的生活卻總是在持續的追求中不斷前進的。當那隻雞沒有張開翅膀之前，大多數人都認為牠就是一隻普通的雞。但是，當牠展翅的那一剎那，牠的生活就從此改變了。藍天白雲間，肯定要比困守藩籬的視野更加開闊。正是視野決定高度，如果我們不努力讓自己站的更高，我們的視野終究離不開地平線。只有當到絕頂的高度，才能體會一覽眾山小的那種意境。

安於現狀，裹足不前，害怕改變只能困守窮廬。在浪費太多時光之後，我們一生真正有效的時間並不像我們想像的那麼多，只有那麼一小截！我們要為自己的追求而破釜沉舟，但內心的恐懼和卑怯卻時常讓我們不敢前進。

在我們膽怯時，要使勁地擰痛自己，迫使自己戰勝心中的邪魔；當我們遇到困難時，要咬緊牙關強迫自己不斷地挑戰極限，把不可能變為可能，我們既可以碌碌無為終其一生，也可以拚搏進取過上我們想要的生活。但不管怎樣，都是源於我們的選擇。如其悲守窮廬，不如破釜沉舟，闖出自己的道路。

當前拳王阿里第一次走進拳擊場時，瘦弱的他令觀眾認為不出五個回合就會被打趴下。然而，就是這個不起眼的年輕人，在一生六十一場的比賽中，創造了五十六勝五負的拳壇神話，成為拳擊史上第一位三度奪得世界重量級冠軍，獲得「二十世紀最偉大運動員」榮譽的拳王。

他說過一句話：「『不可能』只是別人的觀點，是挑戰，絕非永遠。」

當然我們需要挑戰極限，但挑戰極限卻不能為了表現個人的勇敢，而忽視對自身的瞭解和對生命的尊重。我們不需要狂妄無知的衝動和蠻幹，因為當生命之花凋零，軀體消失，一切都沒有了意義。

我們需要的是力量與智慧相結合的挑戰者，需要的是去理性地挑戰極限。唯有這樣我們的挑戰極限活動才能可以持續下去，才能不被社會主流視為另類。

恐懼是發揮潛能的頭號敵人

在現實生活中，有些人才能卓越、智慧聰穎，但是無論成績多麼出色，朋友及家人都無法想像在他們內心深處仍然存有深深的恐懼。還有一些人，表面看來有天分、有才華，但實際上他們不過是用全部精力在鍛造一副強大的心理盔甲，以彌補自身深切感受的難堪、缺憾和恐懼感。

任何人都不可能是完美的，在成長的過程中，每個人的身上都存在著致命的弱點和不足。另一方面當我們陷入到某種困境的時候，也可以讓我們清楚地找到問題的焦點，並迅速改正或彌補自身的不足。

一個盲人、一個聾人和一個耳聰目明的人過河。他們三人要從此岸到達彼岸，必須走過一處地勢險惡的山谷，而此地唯一的路徑就是幾根光禿禿、顫悠悠的鐵索橋橫亘在懸崖峭壁之間，澗底上奔騰湍急的水流，經常有行人因失足而葬身。

三個人只能一個接一個抓住鐵索過橋。盲人什麼也看不見，心裏在想：反正自己也不知道山高橋險，可以心平氣和地攀附。聾人則想：我的耳朵聽不見，不聞腳下的咆哮濤聲，相對地會減少許多恐懼。他們兩人都先後攀過了鐵索橋，走向彼岸。耳聰目明的人則被眼前的險惡景象嚇得魂飛魄散，跌跌撞撞，不一會就摔下鐵索橋，葬送了性命。

看來，在很多時候並非跨越者的力量薄弱，失敗的原因往往是周圍環境，特別是險境對人的威懾。是人自身的恐懼心理使自己的心態失去了平靜，亂了方寸，慌了手腳，讓恐懼將自己推進了失敗的深淵。

不要因為恐懼而猶疑，前進就能消除恐懼。恐懼是魔鬼最大的武器，人類最大的敵人，意識清楚的人很少畏懼任何東西，信心可以克服恐懼。壞運氣喜歡怕他的人，希望和恐懼不會同行，恐懼貧窮的人永遠不會富有。

我們不應對生活沒有信心和期望。「我不美麗，但我擁有自信。」一個生活成功，幸福的人，從來不是為著昨天腳印悲嘆的人，而是那些滿懷信心，希望放眼未來的人。漫漫人生路，阻礙我們的不是別人，而是我們自己。當恐懼困死了你的心靈，你的生命就走到了危險的邊緣。

在生活中，我們不應該讓恐懼困死我們的心靈，我們應該對自己未來充滿信心，對每一件事都是信心十足。有了信心就不會讓恐懼征服我們，有了信心就會將不可能的事變成可能，把不可能「埋藏」起來。

凡是人，在一定環境中都會顯現其個性和潛能，你的任務就是創造必要的環境，把潛能盡量的發揮出來；那就是製造動力，製造態勢。我們必須用信心戰勝恐懼，為潛能發揮創造必要的環境。

信念是激發潛能的最好工具

人生到底是喜劇收場，還是悲劇落幕，是豐豐富富的，還是無聲無息的，全在於我們所持有的信念。信念不僅能促使我們採取行動，也能增加我們行動的念頭。信念是開發潛能的最好工具。信念能開啟卓越之門，信念為勵志之本，信念來自於內心的經驗，信念是對於某件事有把握的一種感覺，信念能將美夢付諸行動，信念強烈能使人有所成就。

在諾曼・卡曾斯所寫的《病理的解剖》一書中，說了一則關於本世紀最偉大的大提琴家之一—卡薩爾斯的故事。這是一則關於信念的故事，你我都會從中得到啟示。

卡曾斯說：「卡薩爾斯九十多歲了，他實在不忍看那老人所過的日子。他是那麼衰老，加上嚴重的關節炎，不得不讓人協助穿衣服。呼吸很費勁，看得出患有肺氣腫；走起路來很不穩，頭不時地往前顛；雙手有些腫脹，十根手指像鷹爪般地鉤曲著。」

但是，當卡薩爾斯很吃力的坐上鋼琴椅子，顫抖的把那鉤曲腫脹的手指抬到琴鍵上時，神奇的事發生了。卡薩爾斯突然像完全變了個人似的，透出飛揚的神采，而身體也跟著開始能動並彈奏起來，彷彿是一位健康的、強壯的、柔軟的鋼琴家。

卡曾斯描述說：「他的手指緩緩地舒展移向琴鍵，好像迎向陽光的樹枝嫩芽，他的背脊直挺的，呼吸也似乎順暢起來。」彈奏鋼琴的念頭，完完全全地改變了他的心理和生理狀態。當他彈奏巴哈的Wohl temperierteKlavier曲時，是那麼地純熟靈巧；隨之他奏起布拉姆斯的協奏曲，手指在琴鍵上像魚輕快地游滑著。「他整個身子像被音樂融解，」卡曾斯寫道：「不再僵直和佝僂，代之的是柔軟和優雅，不再為關節炎所苦。」在他演奏完畢離座而起時，跟他當初就座彈奏時全然不同。他站得更挺，看來更高，走起路來也不再拖著地。他飛快的走向餐桌大口的吃著，然後走出家門，漫步在海灘的微風中。

卡薩爾斯熱愛音樂，那不僅會使他的人生美麗、高貴，並且每天帶給他神奇。是信念使他的改變讓人匪夷所思，讓他每天從一個疲憊的老人化為活潑的精靈，發揮出自己的潛能。

司圖爾特．米爾曾說：「一個有信念的人，所發出來的力量，不下於九十九位僅心存興趣的人。」這也就是為何信念能開啟卓越之門的緣故。當我們內心相信，信念便會傳送一個指令給神經系統，我們便不由自主地進入信以為真的狀態。所以，若能好好控制信念，它就能發揮極大的力量，開創美好的未來。在過去，宗教會鼓舞成千上萬的人心，給予他們力量，做出認為不可能的事。

信念是人人可以支取，且取之不盡；信念能幫助我們，挖掘出深藏在內心的無窮力量；信念幫助我們挖掘出自己的潛能，一步步走向成功。

自己人生，自己創造

人生在世，必須有遠大理想，絕不能庸庸碌碌，做一天和尚撞一天鐘，終日飽食而無所事事。在同樣的條件下，具有遠大理想的人，比庸碌平凡、一事無成的人要長壽。

遠大理想，就是要有志於對社會做出有益的貢獻，方才不負此生。人的生命只有一次，社會的歷史不會倒退總是不斷的前進。你為社會做些貢獻，才有益於社會，推動歷史前進，因為人的力量有大小，這種貢獻也就因人而異。

芝加哥大學的布魯姆博士曾研究一百位傑出且年輕的運動員、音樂家和學生。他十分驚訝地發現，這群年輕奇葩，大部分都不是自幼即表現頭角崢嶸，而是在細心的照顧下、指引下和幫助下，得以發展才華。這都要歸功於他們成名前，即已擁有「我必出人頭地」的信念。

追求卑微者，所獲寥寥。所以一定要有鴻鵠之志，敢想敢做。現實生活中，志向高遠與否，使人們的性格和行為產生很大的不同，這種差異比想像中的要大。有的人一生沒有志向，有的人志向卑微，有的人則志向高遠。他們進步和成功的程度和他們志向大小是相對的。

有個諺語說：「心高，高不過天」，這話不錯，但射箭的時候瞄準太陽總比朝水方向射得高吧！這一點也同樣展現在性格的形成過程中。雖然用弓箭射太陽是不可能的，但年輕人顯然可以有一個遠大的理想。只要你下決心想辦到的事情就一定能夠成功，這是一條普遍的規律。你一定要相信天生我才必有用的道理，而且你也應當成為有用之才。如果年輕人對於自己能做什麼，能成為什麼樣子的人沒有半點感知，他們所做的努力通常是少得可憐且軟弱無力的，因為他們還沒有悟透怎樣才能夠做成大事，從而成為出類拔萃的人。

其實，像亞歷山大、凱撒、查理十二世或是拿破崙這樣的偉人，是怎麼成就自己的豐功偉業的呢？還有像保羅、阿爾佛雷德、盧瑟、霍華德、佩恩和華盛頓等，具有極高精神境界的人物，又是如何奮鬥的呢？他們不也是曾經和我們一樣平凡普通嗎？但他們比我們更多了一種自強不息去追求自己遠大理想的精神，這種精神使得這些人物超凡脫俗，成為社會棟梁。

相信上面這條規律吧，這些人所成就的事業，我們可能也同樣能夠做到。退一步說，即使我們不可能和他們一樣出色，也能比原來想像中的自己要強得多。

安東尼・羅賓告訴我們：「**你的人生，是由你自己創造的。如果你的內心有積極的看法和信念，那是你所創造的；如果內心的看法和信念是消極的，那也是你所創造的。**」命運掌握在你自己的手中，如何選擇就看你自己了。

擬訂長期目標

一對夫妻有兩個孩子，孩子還小的時候，父母決定為他們養一隻小狗。小狗抱回來以後，他們想請一位朋友幫忙訓練這隻小狗。在第一次訓練前，女馴狗師問：「小狗的目標是什麼？」夫妻倆面面相覷「一隻小狗的目標？那當然就是當一隻狗了。」女馴狗師極為嚴肅地搖了搖頭說：「每隻小狗都要有一個目標。」

夫妻倆商量之後，為小狗確立了一個目標：白天和孩子們一道玩，夜裏要能看家。後來，小狗被成功地訓練成了孩子的好朋友和家中財產的守護神。

這對夫妻就是美國的前副總統阿爾・戈爾和他的妻子迪帕，他們牢牢地記住了這句話。推而廣之，做一個人更要有目標。

目標如沙漠中的綠洲，滋潤著跋涉者乾涸的意志；目標如黑暗中的燈火，點亮了夜行者心中的希望。目標是高聳入雲的山，是競帆思歸的岸。

人若無目標，一生必將渾渾噩噩，一事無成。知道目標，建立追蹤目標的敏銳感，具有找對方法的應變彈性，那麼你便能到達目標。如果你未達成目標，是不是就失敗了呢？當然不是，失敗是為了最終的成功。誰都會犯錯誤，尤其是在朝著目標努力工作時，你有時會因為出現差錯而灰心喪氣，但是每當受到挫折，都必定存在著某個糾錯的行動方案。你只需要找到這一有效的方案。當你遇上塞車，就迂迴一下，換個方向，不要讓一個障礙物就阻擋了你。轉向、繞行或者耐心思考一會兒，但絕不放棄，要對自己有信心，你會找到另一條道路的！記住：「困難既會讓我們倒下，也可讓我們發光。」

人生可以把目標分成幾個階段來完成，積少成多，走一步再走一步，最終的收穫是你意想不到的，甚至你都不會相信是自己做的！

一次一口，準能吃下一頭大象。就這麼簡單！

不要樹立荒唐的目標，而是設立你能達到的目標，設立的目標應稍微超出所能實現的最大值，因為必須提高自己。記住：如果你追月時偏離了目標，仍能和美麗的星星匯合。

善用你的野心

提起野心幻想，叫人有些可怕；其實，現實中存在著健康的野心。安東尼・羅賓說：「每個人離不開這種健康的野心幻想。這種野心是窮人擺脫貧窮的心理基礎，更是渴望滿足的心願和奔向富有的動力。」如果一個人連富有的野心幻想都沒有，那他注定要貧窮一輩子。

人最大卑鄙莫過於對榮譽的追逐，但這同時也是聰明才智的最崇高的標誌，因為無論他在世界上能夠佔有什麼，無論他的健康和享樂達到何種水準，只要未獲得別人的尊嚴，他就絕不會滿足。人對人類理性的估價很高，以至於還沒有被抬高到評判他人的地位時，他也絕不會滿足。

列維・托爾斯泰年輕時，就在自己的日記裏直言不諱：「正是自尊和野心時常激勵著他去行動。」令他回味無窮的經歷是在雜誌上閱讀關於《馬克爾的筆記》的評論。托爾斯泰發現這些評論既能供人消遣又具有實用價值，因為從中能看到：「野心的亮光可以喚來行動」。

研究創造行為和科學多樣性的心理學家，將野心看作一種最有創造性的興奮劑，他們相信野心在本質上就是充滿活力的東西。

野心幻想是所有奇蹟的萌發點，人類進化的動力。假如人類祖先沒有野心幻想，人類恐怕至今還是猴子的模樣！因此，野心幻想是人類進化的動力。

野心幻想是人類社會進步的無窮財富。只有把握這個財富，才能促使人類社會的穩步前進。野心幻想更是科學技術發展、人類遨遊海底、浩宇的金翅。若沒有野心就沒有科學技術的發展進步，至今可能仍然鑽木取火、披樹葉禦寒，過著茹毛飲血的原始生活；正因為農業科學家有糧食高產千斤不餓肚皮的野心幻想，所以研究水稻基因，研製出高產穩定的優良稻種來；正因為科學家有飛天的野心幻想，所以研製出火箭、人造衛星、人造飛船等飛上天去……正因為人們不斷地懷有野心幻想和實踐，才推動了科學技術的發展，從而帶動新世紀的騰飛。

野心幻想更是脫貧致富的特效藥。飽蘊著智慧、奮鬥、機遇，在野心幻想激勵下，貧窮只是個短暫的過程，終點是富民強國。古人云：「坐吃山都空。」曾經和現在富有的人，只要他在財富面前泯滅了向更高目標衝刺的野心幻想，也未必能永久保持富有。只有有野心幻想還善用智慧、百折不撓拚搏到底、信念堅定的人，才是財富真正永久的擁有者。

當然，過大的野心勃勃便是醜陋了。但即始是人類最好的品質在被誇大到荒謬絕倫的地步，不也會轉變為它們的反面嗎？

馬斯洛說：「自我實現是人類最崇高的需要之一。它從來都是人生的興奮劑，是一種抑止人們半途而廢的內在衝力。自我實現的慾望越是強烈，一個人在他的生活旅途中就越是信心百倍，成果卓然。」

健康的野心乃是形成自我尊重心理的偉大力量，如果這種野心是健康的，而非只追求名聲的病態野心。

健康的野心能使一個人變得更為完美，並能推動他探索自己前進的航向。

還想什麼，立即行動

安東尼・羅賓在書的開篇就引用了赫胥黎的名言：「人生的偉業，不在於能知，而在於能行。」

夢想就好比一粒種子，你的行動能力是使這粒種子生長、發芽並結果的條件，你可以選擇讓自己全身心地為夢想奮鬥，從而給夢想以生命力。當你生活的目標是實現自己的夢想時，你就像著了魔一樣，每一次你採取行動都會將你夢想的一小部分變成現實。

不要抱怨自己的命不好，行動就是力量，唯有行動才可以改變你的命運。一萬個空洞的幻想，還不如一個實際的行動。我們總是有憧憬而不去抓住，有計畫而不去執行，坐視各種憧憬，那麼計畫換來的只會是消逝！「敢做」不等於膽大妄為，更不是違法亂來。敢做，也有兩層意思：一是指人必須有冒險精神，必須敢於去做，畏縮拖延永遠不可能成功；二是指我們在追求目標的過程中，要勇敢地面對各種挫折與失敗，不可半途而廢，應該越挫越勇，不達目的誓不罷休。大部分二十幾歲的人都有創業的想法，對財富和成功的渴求，讓他們想盡方法尋求創業之道。但是，第二天早上依舊提起公事包準時出現在公司的大門口，開始跟昨天沒什麼兩樣的又一天。

當我們有一個好的想法，當我們面臨一項艱巨的任務時，不要猶豫，不要畏懼，要迅速行動起來。行動本身會增強信心，不行動只會帶來恐懼，而且一旦行動起來，還可以順便做調整，或者行動後證明此法不通，還可趁早扔掉它並尋求更好的路。最糟糕的情形就是，光想不做，而且越想越慌。

當我們要移動身體的某一部分時，首先要由大腦緣化帶特定的肌肉發一個信號，再由這個信號使身體的這一部分動起來。對於孩子和成人來說，這個過程似乎是瞬間的事，無需多加考慮就可以讓自己動起來了。但是對嬰兒來說，這一過程卻要費很大勁，他們得全神貫注的掙扎著去拿一個玩具，或慢慢的把瓶口對準自己的嘴巴。然後，經過幾個月的練習，這個曾經的重大挑戰就會變成第二本能。

培養立即行動的習慣也是這樣。你必須首先告訴你的潛意識，你現在要行動了，在練習過一段時間後，你就會無意識的、自動的立即採取行動。

每次當你想要拖延一件事情的時候，就大聲重複這句話：「我現在就要採取行動。」不要關心這件事是不是會被推辭，也不要去想最後自己是否真的會堅持到底。你現在只需重複這句話：

「我現在就要採取行動。」不久你就會自然而然的立即採取行動。最後，就像嬰兒一樣，你的練習也將曾經的重大挑戰變成第二本能。

學會控制你的情緒

安東尼・羅賓說：「瞭解改變和邁向卓越的關鍵就在於瞭解內心狀態，而我們的行為就緣於我們的心境。」當我們感到事事如意時，一切都會做得很好，但是有時候卻發現是處在頹喪的心境。有人能成功，是因為他能始終維持進取的心境，這就是成敗的差異。**人生是好是壞，不由命運決定，而是由你的信念來決定。**我們可以用積極的心境來看事情，也可以用消極心境。花點時間想一想，如果你一直是處於無所不能的心境時會怎樣？

在每天的工作、生活中，我們會有意無意受到情緒的影響。情緒既能使人精神煥發、思維敏捷、幹勁倍增，又能使人精神萎靡、思路阻塞、消極怠惰。心理學家把人的情緒分為正面情緒與負面情緒。正面情緒，如喜愛、愉快、興奮等；負面情緒，如悲傷、憤怒、緊張、焦慮和恐懼等。對於積極的正面情緒要盡力發展，對於消極的負面情緒則要嚴格控制。最近，美國密西根大學心理學家南迪・內森的一項研究發現，一般人的一生平均有十分之三的時間處於情緒不佳的狀態；因此，人們常常需要與那些消極的情緒做抗爭。許多成功人士都十分注意培養和利用這種正面情緒。據說，美籍華人科學家楊振寧為自己立了一個規矩，那就是：「假如我沒有一個好心情，就絕不進實驗室」。

情緒變化往往會在我們的一些神經生理活動中表現出來。比如：當你聽到自己失去了一次本該到手的晉升機會時，你的大腦神經就會立刻刺激身體產生大量興奮作用的「正腎上腺素」，其結果是使你怒氣沖沖，坐臥不安，隨時準備找人評評理或者「討個公道」。

當然，這並不意味著你應該壓抑所有這些情緒反應。我們的生活離不開情緒，它是我們對外面世界正常的心理反應，只是不能讓我們成為情緒的奴隸，不能讓那些消極的心境左右我們的生活。

消極情緒對我們的健康十分有害，科學家們已經發現，經常發怒和充滿敵意的人很可能患有心臟病，哈佛大學曾調查了一千六百名心臟病患者，發現他們經常焦慮、抑鬱和脾氣暴躁者比普通人高三倍。因此，可以毫不誇張地說，學會控制你的情緒是你生活中一件生死攸關的大事。

搶佔先機，勝券在握

傳說有一位商人，帶著兩袋大蒜騎著駱駝一路跋涉到了遙遠的阿拉伯。那裡的人從來沒有見過大蒜，更想不到世界上還有味道這麼好的東西，因此他們用當地最熱情的方式款待了這位商人，臨別時贈予他兩袋金子作為酬謝。另一位商人聽說這件事後，不禁為之心動，他心想：大蔥的味道不也很好嗎？於是他帶著大蔥到了那個地方。那裡的人同樣的也沒見過大蔥，甚至覺得大蔥的味道比大蒜的味道還要好！他們更加盛情地款待了商人，並且一致認為，用金子遠不能表達對這位遠道而來的客人的感激之情，經過再三商討，他們決定贈予這位朋友兩袋大蒜！

生活往往就是這樣，如果你搶先一步，佔盡先機，得到的是金子；如果你步人後塵，東施效顰，得到的可能就是大蒜！

在這個世界上，人人有眼睛但有眼光的人太少了。機會是給有眼光的人準備的，只有比別人眼光看得遠一些，才能真正看準機會，發現機會。機會又是稍縱即逝的，只有搶佔先機，才能勝券在握。機會是一種極為寶貴的發展資源，機會稍縱即逝，優劣之間的轉換往往在轉瞬之間。

一百五十多年前，美國西部發現金礦的消息一經傳出，全世界的淘金者便蜂擁而至。那些埋藏較淺的金礦很快被挖掘一空，瘋狂的淘金者只能向地層深處不斷推進，因此淘金成本越來越高。除了早期的淘金者能發財致富外，大多數的淘金者，要嘛淪為別人金礦的打工者，要嘛在這近乎賭命的探礦行動中，變得一無所有。

機會只垂青有準備的頭腦，機會只屬於戮力前行的鬥士。贏得機會關鍵要靠一個「先」字，捷足先登、搶先一步、先聲奪人、先入為主等等。一個「先」字使一切都變得主動。在很多情況下，發展缺少的不是機會，而是缺乏濃厚的機會意識和爭先意識。搶佔先機，還表現為把握和用好機會的能力，特別是能否在重要的戰略機會大有作為打好時間差、空間差、資訊差和制度差。當宏觀環境有利時，應乘勢而上，實現能快則快；當宏觀環境偏緊時，應迎難而上，實現穩中求進。搶佔先機很大程度上在於思想解放的程度，只有思想解放先人一步，搶抓機會才能高人一籌。

安東尼・羅賓說：「我們不一定要完全知道細節，才採取行動。」有許多成功者不相信做任何事都得完全清楚細節，他們知道什麼是必須知道的，而不讓細節拖慢前進的腳步。那些能幹的人，在做許多事情時都有一套工作哲學，就是不全理會每一細節。爭分奪秒，搶佔先機。

氣氛有助於潛能開發

美國麻省理工學院的科學家曾經在一個報告中說：「若你終生好學不倦，那麼你大腦一生中所儲藏的各種知識，將相當於美國國會圖書館裏藏書的五十倍」，當時的藏書是一千五百萬冊，五十倍就是七億五千萬冊。蘇聯科普作家葉菲莫夫曾說：「如果我們能迫使我們的大腦達到其一半的工作能力，我們就可以輕而易舉學會四十種語言，並能把蘇聯百科全書從頭到尾背誦下來，還能夠學完數十所大學的必修課程」。人的潛能是無限的，而氣氛對潛能的開發有著至關重要的影響。

一個叫羅森塔爾的美國心理學家和他的同事在六〇年代來到一所學校進行研究，他們要求教師對其所教的學生進行智力測驗。他們告訴教師們說，班上有些學生屬於大器晚成者，並把這些學生的名字念給老師聽。自從羅森塔爾宣布大器晚成者的名單後，他就再也沒有和這些學生接觸過，老師們也再沒有提起過這件事。

可是當學期末，再次對這些學生進行智力測驗時，他們的成績顯著優於第一次測得的結果。

事實上所有大器晚成者的名單，只是羅森塔爾從一個班級的學生中隨機挑選出來的，他們與班上其他學生沒有明顯不同，因此羅森塔爾認為，這種變化是因為老師們認為這些大器晚成的學生，給予特別照顧和關懷，以致使他們的成績得以改善。

這就是著名的「羅森塔爾效應」，它表明如果對他人抱有一種積極的期望，不論對方原來的表現如何，對方就有可能產生積極的變化。

當然這個例子也可以說明，正是因為這些老師在羅森塔爾的「欺騙」下，不因為這些被隨機抽取學生的成績好壞而重視或忽視他們，始終對他們抱有一種積極的期待和態度，而這些學生在這種良好的教育氣氛下，真正發揮了自己的潛能，都同樣發展和完善了自身。這就說明了每個人都有潛能，對自己的改變都是不可估量的。

危急的氣氛也能激發人們無限的潛能。

戰爭致殘的美國大兵路遇劫匪，凶殘的劫匪不但搶劫他的財物，而且還放火點燃了他賴以行走的輪椅，他內心急了，竟忘記了自己麻木的雙腿，狂奔數百公尺。

胡達・克魯斯老人七十歲開始學習登山，隨後二十多年矢志不渝，冒險攀登高山，竟以九十五歲高齡登上日本富士山，創下攀登此山的最高年齡紀錄。

世界赫赫有名的成功學大師安東尼・羅賓說：「我可以完全有把握的說，每個人即使他是做出了輝煌成就的人，在他的一生中利用他自己大腦潛能還不到百億分之一。」人的潛能是巨大的，讓我們自己去創造一個良好的氣氛，盡力去發掘自己的潛能，一步一步走向成功。

抓住靈感，創造奇蹟

你是有創造力的人嗎？或許你跟大多數的人一樣，認為自己沒有。我們從小就聽人說，創造力是罕見的、神秘的，只有藝術家才有。但實驗研究結論卻是：創造力每個人都有，無人例外。人的一生，絕大多數的時間是在平凡中度過的，但人總是不甘於一輩子平凡而無所作為，自然賦予了人類無限的靈感想像空間和發現之源，但由於靈感的產生沒有固定的格式與規律，它就像一個頑皮的小精靈，為了考驗人們的思維敏銳與否，總是有意無意的時隱時現，只要你稍不留意，它就會稍縱即逝。

靈感本身不一定是智慧，但你若是多個心眼，抓住其效能，那麼靈感就會給你帶來無限的智慧並創造奇蹟。人類歷史上很多革新、發明與創造，無不始於前人善用靈感的閃現。比如希望人能像鳥一樣飛上天，後來就有了飛機；比如夢想有一天田裏的稻子能自動收到倉庫裏，於是就有了收割機；比如人與人相隔千里卻能如對面一樣交流，於是就有了視距電話。這些都得益於前人靈感的提示啊。

新點子稍縱即逝，如果你不能很快抓住，可能一去不復返。那些懂得發掘創造力的人，都已學會如何追捕和保留新點子。他們擁有「捕捉」的技能。

西班牙超現實主義繪畫大師薩爾瓦多・達利常從睡眠狀態的幻覺中，捕捉繪畫的靈感。他坐在扶手椅上，手拿著鑰匙，地板上放一只盤子。他一入睡，鑰匙落在盤子裏的聲音就會驚醒他，他便立刻粗略地畫出剛才幻覺到的怪異情景。

畫家的速寫本從不離身，而發明家、作家習慣於攜帶便箋或手提電腦，有時甚至乾脆寫在餐巾紙或糖果紙上。

把自己放在可能失敗的困難環境中，可以激發自己的靈感。一般來說，如果做某件事失敗，我們在沮喪之後，便開始再嘗試別的辦法，這對創造力的培養非常重要。許多念頭的互相競爭，可以大大加快創意的過程。

別再扭曲靈感對現實發揮的作用，也別對靈感的效能失去信心。在我們平凡的生活中，任何一個不經意，都可能激發有心人的靈感，都可能創造一個奇蹟。

鑰匙十：

高效能人士的七個習慣—史蒂芬・科維

習慣是從環境中成長出來的，以相同的方式，
一而再、再而三的從事相同的事情，不斷重複、不斷思考同樣的事情，
而且當習慣一旦養成之後，它就像在模型中硬化了的水泥塊，很難被打破。
習慣的養成有如紡紗，一開始只是一條細細的絲線，
隨著我們不斷地重複相同的行為，
就好像在原來那條絲線上不斷纏上一條又一條絲線，
最後它便成了一條粗繩，把我們的思想和行為給纏得死死的。
習慣的力量是驚人的，習慣能載著你走向成功，
也能馱著你走向失敗。如何選擇，完全取決於你自己。
正如亞里斯多德所說：「人的行為總是一再重複。
因此，卓越不是單一的舉動而是習慣。」
所以，在實現成功的過程中，除了要不斷激發自己的成功慾望，
要有信心、有熱情、有意志、有毅力等之外，
還應該搭上習慣這一成功的列車，實現自己的目標。

習慣決定命運

一個人成功的慾望再強烈，也會被不利於成功的習慣所撕碎，而溶入平庸的日常生活中。所以說，**思想決定行為，行為形成習慣，習慣決定性格，性格決定命運。**

有這樣一個寓言故事：

一位沒有繼承人的富豪死後，將自己的一大筆遺產贈送給遠房的一位親戚，這位親戚是一個常年靠乞討為生的乞丐。這名接受遺產的乞丐立即身價一變，成了百萬富翁。新聞記者便來採訪這名幸運的乞丐：「你繼承了遺產之後，你想做的第一件事是什麼？」乞丐回答說：「我要買一個好一點的碗和一根結實的木棍，這樣我以後出去討飯時就方便一些。」

可見，習慣對我們有著很大的影響，因為它是一貫的，在不知不覺中，經年累月的影響著我們的行為，影響著我們的效率，左右著我們的成敗。

心理學巨匠威廉・詹姆士說：「播下一個行動，收穫一種習慣；播下一種習慣，收穫一種性格；播下一種性格，收穫一種命運。」一個人的習慣能影響他的一生，而習慣又是由平時的一點一滴累積起來的。你的語言，你的行為都會決定你的習慣，進而影響你的性格，最終影響你的一生。

某著名企業在一次招聘管理人才時，應聘者中有很多高學歷的人，有口才出眾的人，有管理經驗豐富的人等等，然而被選中的是一位在走廊中隨手撿起一張廢紙扔進垃圾桶，看起來能力平常的人，有人問總經理，為何不選用明顯優勢的？總經理說：「一個有好習慣的員工，就是一座金礦，有這種人格魅力的人可以為公司創造更多的財富。」

好的習慣是一座金礦，可以讓人一生享用不盡，可以引領成登上成功的階梯。

一個電視台曾經採訪三位諾貝爾獎獲得者：康奈爾、霍夫特、勞夫林。他們輕鬆而自然的回答著主持人和觀眾提出的各種問題，在提問者看來，那富於挑戰性的夜以繼日的工作是常常難以忍受的，而在科學家們看來，那僅僅是他們習以為常的工作常態，在提問者看來那是要付出巨大代價的，而在科學家們看來，都是習慣後的樂在其中。

有這樣一首詩：

丟失一個釘子，壞了一塊蹄鐵；
壞了一塊蹄鐵，折了一匹戰馬；
折了一匹戰馬，傷了一位騎士；

傷了一位騎士，輸了一場戰鬥；
輸了一場戰鬥，亡了一個國家。
可以看出，習慣是一種多麼頑強的力量，它可以決定人的命運，主宰人的一生。

培養積極主動的習慣

我們的行為有客觀的一面，它受環境和外部條件的制約。如果我們的生活一味依靠條件反射或周圍環境的作用，我們就會變得消極被動。

但我們的行為更多的是主觀的一面，是主觀能動性的反映。因此，我們做任何事情時，應該用積極的態度，要具有主動性和責任心，只要這樣做，哪怕是在遇到許多難以想像的困難，你都能千方百計的加以克服，直到順利完成；只有這樣做，你才能在眾多的競爭者中脫穎而出，讓你的才華得以展示，最終得到長官的認可，展現其價值。會從中體會到工作的快樂，會從出色完成中得到滿足，也會增強你為人處事的自信心。

史蒂芬‧科維在《高效能人士的七個習慣》一書中寫說：「人性本質是主動而非被動的，不僅能消極選擇反應，更能主動創造有利環境。」採取主動並不表示要強求、惹人厭或具侵略性，只是不逃避為自己開創前途的責任。他在書中提到：「它（積極主動）的涵義不僅止於採取主動，還代表人必須為自己負責。個人行為取決於自身，而非外在環境；理智可以戰勝感情；人有能力也有責任創造有利的外在環境。」

一八六一年爆發美國南北戰爭，時任總統的林肯發現，聯邦軍是一支缺乏卓越將領的隊伍，所以林肯先後共任用了五位總指揮官，在短短的幾年時間裏，林肯無奈頻繁的更換軍事指揮官，因為他所任命的前四位指揮官都墨守成規、照搬教條、缺乏主動性。最後，林肯發現了格蘭特。格蘭特勇於冒險、積極主動，創造性的完成了別人完成不了的任務。主動性，是格蘭特和前任最大的差別。

養成了積極主動的工作習慣，就掌握了個人進取的法寶。那些以無比的熱情，積極主動的對待自己工作和事業的人，總能發掘出無窮的機會。只有當你積極主動、真誠的提供真正有用的服務時，成功的機會才會伴隨而來。

史蒂芬・科維認為：「積極主動是人類的天性，積極主動的人，心中自有一片天地，天氣的變化不會發生太大的作用，自身的原則、價值觀才是關鍵。」如果認定工作品質第一，即使天氣再壞，依然不改敬業精神。

如果有了積極主動的工作態度，則在碰到問題時，會積極主動的去想解決辦法；如果有了積極主動的工作態度，則在做完事情以後，就能不斷的進行自我總結與回顧，從中發現存在的問題；如果有了積極主動的工作態度，則不只在做事過程中主動，對待事情的結果也希望能得到及時的評價。因此，他們在做事時，不只是完成事情，還希望把事情做好，使結果盡可能完美。

人之所以為人，就是因為能夠不像其他動物一樣被環境創造，卻不能去改造環境。而現在社會文明的發達和生活的安逸，使很多人失去了改造環境的動力，年輕人自幼在父母的呵護下成長，享受各種社會福利，他們寧可在簡陋骯髒的網咖或房間玩著大麻式的網路遊戲，也不願意主動去思考。現代人的這種惰性會使人們變得消極被動，每天等著天上掉下禮物的好事，從來不曾想去創造環境，努力進取，這樣下去最終將一事無成。

要想成為一個有作為的人，一定要有積極主動的心態，養成積極主動的習慣，做什麼事情都要主動出擊，這樣機會才會多，成功的機率才會大。

培養善始善終的習慣

善始善終，是心智創造先於實際創造，點燃生命的熱情。每個人都是自己人生的導演，撰寫著自己的人生劇本。

史蒂芬・科維在書中說：「以終為始」的習慣可以適用於各個不同的生活層面，而最基本的目的還是人生的最終期許，它是以所有事物都經過兩次創造的原則為基礎。所有事物都有心智即第一次創造，和實際的即第二次創造。我們做任何事都是先在心中構想，然後付諸實現。

我們在現實生活中就發現很多時候一些聰明或ＩＱ高的人，做某一件事情的時候急於獲得成果，如果在中間遇到一些困難，他們就會選擇放棄或轉而做別的事，正因為他們聰明可能有很多點子。但是那些從表面上看起來「傻乎乎的人」，會堅持別人認為是不可行的事情，正因為這種善始善終讓他們最終獲得成功。

其實很多時候，我們沒有理由放棄，我們只是沒有足夠的動力和耐力來善始善終。有一個世界級優秀馬拉松運動員的建議：「當你感覺堅持不下去的時候，不要把注意力放在你的疲勞上，不要開始拖著腳走，要抬起頭來，加快你的步伐。」乍看這種說法好像違背常理，但是仔細想想，很有道理。透過加快步伐，你實際上是在告訴自己，你不僅要完成比賽，還要漂亮的完成比賽。在生活中，我們感到快要堅持不下去的時候，其實成功就在眼前了，所以對每一件事情都要善始善終，這樣你離成功就近一步了。

艾略特曾說：「我們不可停止探索，而一切探索的盡頭，就是重回起點，並對起點有首次般的瞭解。」

成功的經歷各有各的不同，不成功的經歷卻往往只差那最後一分鐘的堅持。能否摒除外在因素的影響，做到善始善終，的確可以考驗出一個人的真實素養。我們都有一種內在的驅動力，希望圓滿地完成工作，可是又會不可避免地遇到一些困難。有的人放棄了，有的人氣餒了，只有善始善終的人才會獲得成功。

培養要事第一的習慣

一個人每天都有很多的事情要做，有大事，有小事，有令人愉快的事，有令人心煩意亂的事。但是哪些事才是最重要的呢？不弄清楚這個問題，你就會浪費許多精力，空耗許多時間，結果給你帶來痛苦的身心疲憊。當然，所謂「重要」，必須是出自你自己的想法、感覺。在某種意義上，人生就是選擇對自己最重要的事情，然後去努力完成它、實現它。

教授在給即將畢業的ＭＢＡ班的學生上最後一堂課。令學生們不解的是，講桌上放著一個大鐵桶，旁邊還有一堆拳頭大小的石塊。「我能教給你們的都教了，今天我們只做一個小小的測驗。」教授把石塊一一放進鐵桶裏。當鐵桶裏再也裝不下一塊石頭時，教授停了下來。教授問：「現在鐵桶裏是不是再也裝不下什麼東西了？」「是。」學生們回答。「真的嗎？」教授問。隨後，他不快不慢的從桌子底下拿出了一小桶碎石。他抓起一把碎石，放在已裝滿石塊的鐵桶表面，然後慢慢搖晃，然後又抓起一把碎石……不一會，這一小桶碎石全裝進了鐵桶裏。「現在鐵桶裏是不是再也裝不下什麼東西了？」教授又問。「還……可以吧。」有了上一次的經驗，學生們變得謹慎了。

「沒錯！」教授一邊說，一邊從桌子底下拿出一小桶細沙，倒在鐵桶的表面。教授慢慢搖晃鐵桶。大約半分鐘後，鐵桶的表面就看不到細沙了。「現在鐵桶裝滿了嗎？」「還……沒有。」學生們雖然這樣回答，但心裏其實沒底。「沒錯！」教授看起來很興奮。這一次，他從桌子底下拿出的是一瓶水，他慢慢的把水往鐵桶裏倒。

水瓶裏的水倒完了，教授抬起頭來，微笑著問：「這個實驗說明了什麼？」一個學生馬上站起來說：「它說明，你的日程表排得再滿，你都能擠出時間做更多的事。」「有點道理，但你還是沒有說到重點上。」教授停頓了一下，說：「它告訴我們：如果你不是先把石塊裝進鐵桶裏，那麼你就再也沒有機會把石塊裝進鐵桶裏了，因為鐵桶裏早已裝滿了碎石、沙子和水。而當你先把石塊裝進去，鐵桶裏會有很多你意想不到的空間來裝剩下的東西。在以後的職業生涯中，你們必須分清楚什麼是石塊，什麼是碎石、沙子和水，並且總是把石塊放在第一位。」

史蒂芬・科維在書中寫說：「有效管理是掌握重點式的管理，它把最重要的事放在第一位。」決定什麼是重點後，再靠自制力來掌握重點，時刻把他們放在第一位，以免被感覺、情緒或衝動所左右。要集中精力於當急的要務，就得排除次要事物上的牽絆，此時要有說「不」的勇氣。

一個企業經營者向一位著名的成功學專家請教，如何經營好自己的企業。專家遞給經營者一張白紙，讓他寫下明天要做的六件最重要的事。

五分鐘後，企業經營者寫完了。專家接著說：「用數字標明每件事對於你及公司的重要性。」這樣又過了五分鐘。專家又說：「好了，把它放進口袋，明天早上第一件事是把紙條拿出來，做最重要的第一項，不要看其他的，直至完成為止。然後用同樣的方法對待第二項、第三項……一直到下班。如果只做完第一件事也不要緊，每一天都要這樣做，並要求企業經營者叫員工也都這樣做。」專家還提出這個試驗要堅持做下去。

一個月後，專家得到了一張二・五萬美元的支票，還有一封信，企業經營者在信中說那是他一生中最有價值的一堂課。

五年後，這個當年不為人知的小企業一躍而成為世界上最大的獨立鋼鐵公司。從這個事例不難看出：永遠先做最重要的事，是卓越人士的工作習慣。卓越人士不受感覺、情緒的干擾，時刻把自己認為最重要、最有價值的事放在第一位來做，因而能夠最直接地實現個人的遠景規劃。現實生活中，每個人的時間都是有限的，所以要做重要的事，特別是你覺得有價值並對你人生目標具有貢獻的事情。

培養雙贏思維的習慣

雙手擊掌這個動作，似乎早從史前石器時代的穴居人就有了，是一個象徵團隊合作和雙贏精神的動作。雙贏思維是一種生活態度，認為每個人都能成為贏家。贏家不是你或我，而是我們。你不再因為別人的成功而有威脅感，反而為他們高興。別人成功並不會使你少掉一塊肉，你不會踩在別人的頭上往上爬，也不會成為擺在門口讓別人擦掉鞋底泥土的踏墊，而將一直思考如何讓雙方都如願。

史蒂芬・科維在書中說：「利人利己者把生活看作是一個合作的舞台，而不是一個爭鬥場。」一般人看事多用二分法：非強即弱，非勝即敗。其實世界之大，人人都有足夠的立足空間，他人之得不必視為自己之失。

有個「雙贏」故事讓人回味無窮。有個盲人，晚上出門總是提著一個明亮的燈籠。別人看了總是覺得很奇怪，就問他：「你又看不見，為什麼還要提著燈籠走路？」那個盲人認真地回答說：「這個道理很簡單，我提燈籠當然不是為自己照亮道路，而是為了給別人照亮，讓他們能看見我，這樣即幫助別人又保護自己。」

有個司機聽了這個故事後，也講了自己的一個經歷：晚上開車過隧道時總不喜歡開車燈，隧道不長，裏面光線還不差，完全能看清楚，總認為沒有必要開燈。不料有一天被迎面開來的大卡車撞個正著，險些命喪黃泉。後來才覺悟到，開車燈是給對方看的。現實生活也是一樣，你不為對方著想，自己可能就會有麻煩。

一個老人在高速行駛的火車上，不小心把剛買的新鞋從窗口掉了一隻，周圍的人倍感惋惜，不料老人立即把第二隻鞋也從窗口扔了下去，這舉動更讓人大吃一驚。最後老人解釋說：「這一隻鞋無論多麼昂貴，對我而言已經沒有用了，如果有誰能撿到一雙鞋子，說不定他還能穿呢！」

把雙贏智慧運用於生活中更是如此，遠的不談，就光說把雙贏用到目前我面對的問題上，就好似上文的老人掉了隻鞋。一雙鞋，沒了一隻，就好似一份愛被分成兩份，一份還在我這裡，另一份被人拿去了，當然我會很不甘心，這原本是我的鞋啊，被另一個人白白撿去；可是，我若是執著於抱著另一隻鞋不放，天天對著那隻鞋也就無法放下丟掉那種難過，苦了自己不如即刻放手，放了自己也許還來得急買到同樣的鞋呢。雖說世上不會有兩個完全一樣的人，但是怎麼知道，下一個不是更好的人呢？

美國已故的參議員保羅生前喜歡說的一則故事，他每次說都會哽咽，淚水盈眶。有一次他主持殘障奧運賽跑的時候，一鳴槍，所有跑者都奮力衝刺。跑到大約三分之一的地方，其中一位跑者摔倒了，全體觀眾屏息靜觀。

可是令人意想不到的是，其他跑者全部都自動自發在各自的跑道上停下腳步。他們停下來，回頭看那摔倒的人，而且一個一個轉身，慢慢走回來幫助那個摔倒的跑者，扶他站起來，然後繼續比賽，手挽著手跑向終點，他們全部一起跑完。因為所有跑者都從那個摔倒的跑者身上，看到了自己。

雖說競爭也有良性影響，像是在運動和商業中；然而生活並非競賽，尤其是在人際關係方面。在人際關係方面，如果不能雙贏，最後就會雙輸。當你面對選擇朋友、親子關係等重要的決定，雙贏的精神絕對不能少。

培養知彼知己的習慣

知彼知己對我們生活、工作有很重要的意義。知彼知己為我們的角色定位找準位置，在我們開始與人的溝通的時候，我們的角色決定了我們溝通的效率和效果，我們的身分可能是：親人、朋友、同事、下屬或主管，在和對方確立關係的前提下，我們確立自己的角色，定位好自己。

史蒂芬・科維在書中說：「培養若要用一句話歸納我在人際關係學方面學到的一個重要原則，那就是：知彼知己。」首先尋求去瞭解對方，然後爭取讓對方瞭解自己。這一原則是進行有效人際交流的關鍵。

一位眼科醫生為病人配眼鏡，他先摘下自己的眼鏡讓病人試戴，其理由是：「我已經戴了十多年，效果很好，就給你吧，反正我家裏還有一副。」那麼，誰都知道這是行不通的。如果醫生還說：「我戴得很好，你再試試，別心慌。」在病人看到的東西都扭曲了的同時，醫生還反覆說：「只要有信心，你一定能看得到。」那就真叫人哭笑不得了。

我們常說遇事要將心比心。因此，「知彼知己」是交流的原則。這位醫生尚未診斷就開處方，誰敢領教？但與人溝通時，我們常犯這種不分青紅皂白、妄下斷語的毛病。因此我必須強調：「瞭解他人」與「表達自我」是人際溝通不可缺少的要素。首先要瞭解對方，然後爭取讓對方瞭解自己，才是進行有效人際交流的關鍵，要改變匆匆忙忙去建議或解決問題的傾向。要培養設身處地的「換位」溝通習慣，欲求別人的理解，首先要理解對方。人人都希望被瞭解也急於表達，但卻常常疏於傾聽。眾所周知，**有效的傾聽不僅可以獲取廣泛的準確資訊，還有助於雙方情感的累積**。當我們的修養到了能把握自己、保持心態平和、能抵禦外界干擾和接納眾家之言時，我們的人際關係也就上了一個台階。

我們要用心聆聽，足夠的耐心和全面完整的聆聽來建立同理心，去瞭解對方的想法，理解對方的立場。這也是一種平等，所謂和平也是建立在平等的前提下，沒有平哪來的和。在商務談判的時候，雙方做到知彼知己才能補充自己的不足，發揮自我的優勢，找到對方的需求和破綻來獲得成功。

做到了知彼知己可以讓我們的人際關係更和諧，與人的溝通更有效，與成功更近些。可以理解很多人和很多原本你無法理解的事情，你的世界將因此更廣闊和包容。

培養統合綜效的習慣

生活中，我們每一個人都要處在各式各樣的團隊中，這就要求我們要學會欣賞人、團結人、尊重人、理解人，這既是一種品德、一種境界，也是一種責任。

史蒂芬‧科維在書中說：「在互賴關係中，綜合效益是對付阻撓成長與改變最有力的途徑。」助力通常是積極、合理、自覺、符合經濟效益的力量；相反的，阻力多半消極、負面、不合邏輯、情緒化、不自覺。不設法消除阻力，只一味增加推力，就彷彿施力於彈簧上，終有一天引起反彈。如果配合雙贏的動機、同理心的溝通技巧與統合綜效的整合能力，不僅可以破解阻力，甚至可以化阻力為助力。

統合綜效追求的是創造性的合作方式，揚棄敵對的態度，稱許差異化的存在，互相尊重，取得一加一大於二的成果，是團隊合作的表現，集思廣益的表現。做到統合綜效，首先要有一顆善於聆聽的心，及對不同事物存在不同意見的接受能力，吸取不同的建議，加上自己的理解，整合出更好的解決方案。一個人的力量是有限的，只有在團隊裏加上每個人的理解，不同的創造力，這樣才是無限大的力量。

史蒂芬・科維曾說：「力量往往來自差異，而非相似之處，即整體大於個別的總和。」當兩個人合起來而產出的結果大於兩個個人的產出時，綜效就發生了，統合綜效可讓我們共同發現某些個別無法發現的事情。我們擁有了一種雙贏的態度，就可達到統合綜效的效果。

在工作中，與老闆、同事、下屬，大家在一起共事，既是事業的需要，也是難得的緣分。但「金無足赤，人無完人」，個人的閱歷、知識、能力、水平、性格各不相同，相處久了，難免有些摩擦，但只要是不違反原則，就應從維護團隊利益出發，求同存異，坦誠相見，在合作共事中加深瞭解，在相互尊重中增進團結。

只有互相支持不拆台、互相尊重不發難、互相配合不推諉，才能使整個團隊在思想上同心，目標上同向，行動上同步，作為團隊中的個人也才能用團隊的智慧和力量，去解決面臨的各種困難和問題。

培養不斷更新的習慣

無論從事什麼工作，擁有學習新的知識和思考問題的能力，都是前進的助推器。每個工作都有很多事情需要我們學習，並且隨著時間的推移，新的知識會不斷湧現，如果你無法跟上步伐，就只能被甩在後面。一個經常走在潮流尖端、對新生的事物很敏感的人，才有可能搶先一步取得別人還沒有達到的成果。

史蒂芬・科維曾說：「人生最值得投資的就是磨練自己，因為生活與服務人群都得靠自己，這是最珍貴的工具。」工作本身並不能帶來經濟上的安全感，具備良好的思考、學習、創造與適應能力，才能立於不敗之地。擁有財富並不代表經濟獨立，擁有創造財富的能力才真正可靠。

有這樣一個故事，講的是兩個和尚分住在相鄰兩座山上的廟裏，這兩座山之間有一條河，兩個和尚每天都會在同一時間下山去河邊挑水，久而久之便成為好朋友。

不知不覺五年過去了，突然有一天左邊這座山的和尚沒有下山挑水，右邊的和尚心想：「他大概睡過頭了。」哪知第二天左邊這座山的和尚還是沒有下山挑水。一個星期過去了，右邊這座山的和尚心想：我的朋友可能生病了，我要過去看看他，看能幫上什麼忙。等他看到老友後，大吃一驚，他的老友正在廟前打太極拳，一點也不像一個星期沒有喝水的樣子。他好奇的問：「你已經一個星期沒有下山挑水了，難道你不用喝水嗎？」朋友帶他走到廟的後院，指著一口井說：「這五年來，我每天做完功課後都會抽空挖這口井，即使有時很忙也堅持能挖多少是多少。如今，終於讓我挖出水來了，我就不必再下山挑水了，可以有更多的時間練習喜歡的太極拳。」

這個故事很有道理，人活著就要不斷充實自己，要從長遠的角度規劃自己的人生，這樣我們才不會有太多的遺憾。正所謂：「活到老學到老」，別忘記隨時把握時間，不斷充實自己，挖一口屬於自己的井，培養自己某一方面的習性，昨天的努力就是今天的收穫，今天的努力就是未來的希望。歲月不饒人，當年紀大了，挑不動水了，你還會有水喝嗎？我們明白誰都不是聖人，可是我們都要有一個堅定的信念，那就是要不斷的學習，充實自己，「勤能補拙」，鼓勵自己勤奮一點，努力一點，相信一分耕耘就會有一分收穫。

讓我們的生活充充實實，不要讓光陰白白流過，只留下一片空白。時間只是一顆流星，我們也只是一個匆匆過客，不要在原地徘徊。光陰如金揮霍不得，機會要在今天把握。生活中的經驗可做前車之鑒，過人的智慧是現實中的恩典。美好的花園中，哪怕只做一粒肥料也會變得充實，至少我們可以發揮我們的作用，雖然不能像鮮豔花朵盛開，但也沒有白來。

國家圖書館出版品預行編目資料

訓練更強大的自己 : 開啟邁向成功大門的十把鑰匙 / 陳嘉安著.
-- 初版. -- 臺北市 : 種籽文化, 2018.07
面 ; 公分
ISBN 978-986-96237-3-5(平裝)

1.成功法 2.生活指導

177.2 107010235

小草系列 19

訓練更強大的自己 ：開啟邁向成功大門的十把鑰匙

作者 / 陳嘉安
發行人 / 鍾文宏
編輯 / 陳子文
美編 / 文荳設計
行政 / 陳金枝

出版者 / 種籽文化事業有限公司
出版登記 / 行政院新聞局局版北市業字第1449號
發行部 / 台北市虎林街46巷35號1樓
電話 / 02-27685812-3傳真 / 02-27685811
e-mail / seed3@ms47.hinet.net

印刷 / 久裕印刷事業股份有限公司
製版 / 全印排版科技股份有限公司
總經銷 / 知遠文化事業有限公司
住址 / 新北市深坑區北深路 3 段 155 巷 25 號 5 樓
電話 / 02-26648800 傳真 / 02-26640490
網址：http://www.booknews.com.tw(博訊書網)

出版日期 / 2018年07月　初版一刷
郵政劃撥 / 19221780戶名：種籽文化事業有限公司
◎劃撥金額900(含)元以上者，郵資免費。
◎劃撥金額900元以下者，若訂購一本請外加郵資60元；
劃撥二本以上，請外加80元

定價：280元

種籽文化

種籽文化